Bibba Pacheco
AUTORA BEST-SELLER

O PODER DA ALEGRIA

Recupere a sua conexão interior
e equilibre a sua vida

Gente
editora

Diretora
Rosely Boschini
Gerente Editorial
Marília Chaves
Editora e Supervisora de Produção Editorial
Rosângela de Araujo Pinheiro Barbosa
Assistentes Editoriais
César Carvalho e Natália Mori Marques
Controle de Produção
Karina Groschitz
Preparação
Eugênia Souza
Projeto gráfico e Diagramação
Triall Editorial Ltda.
Revisão
Vero Verbo Serviços Editoriais
Imagens de miolo e capa
SilverCircle e Enity/Shutterstock
Capa
Thiago de Barros
Impressão
Paym

Rua Wisard, 305, sala 53
São Paulo, SP – CEP 05434-080

Telefone: (11) 3670-2500

Site: http://www.editoragente.com.br

E-mail: gente@editoragente.com.br

Dados Internacionais de Catalogação na Publicação (CIP)
Angélica Ilacqua CRB-8/7057

Pacheco, Bibba
O poder da alegria : recupere a sua conexão interior e equilibre a sua vida / Bibba Pacheco. - São Paulo : Editora Gente, 2016.
176 p.

ISBN 978-85-452-0131-1

1. Felicidade 2. Alegria 3. Mudança de vida 4. Qualidade de vida 5. Autorrealização I. Título

16-0898 CDD 158.1

Índices para catálogo sistemático:
1. Felicidade 158.1

Este livro é dedicado a você, que ao escolher esta leitura deu um grande passo em direção à felicidade plena. Que você encontre nele um motivo para se alegrar, para se equilibrar e até um propósito para sua vida. O autoconhecimento liberta. Este é um convite para o desenvolvimento do amor próprio, pois o amor é a maior força que existe. Tudo rege, tudo crê, tudo espera, tudo suporta; o amor sempre vence. Você, na sua versão amorosa, poderosa e alegre, torna-se um comigo e com todas as outras pessoas. E juntos somos mais fortes.

Agradecimentos

Aos meus pais, meus melhores amigos, pelos exemplos de liderança, positividade e alegria que moldaram não apenas os meus valores, como também a minha personalidade. Com eles continuo aprendendo a dar valor ao que realmente deve ser valorizado.

A todos os que se conectam positivamente comigo, apoiando-me e aceitando-me como sou. Todo esse amor é recíproco e torna o mundo ainda melhor. Seres humanos com valores nobres estimulam a esperança e confirmam a ascensão da humanidade. A vocês minha gratidão. Contem com minhas melhores intenções e orações, agora e sempre.

A todos os que passaram pela minha existência, com quem na turbulência aprendi a ser mais forte, impondo limites saudáveis. Aos que na convivência serena me deram a oportunidade de livremente ser o meu melhor. Vocês foram mestres na minha trajetória de desenvolvimento pessoal. Alguns me deram tanto afeto, mas cumprindo o seu papel me ensinaram a praticar o desapego e a compreender que, mesmo à distância, um pouquinho de mim ficou em vocês, e um pouquinho de vocês sempre estará em mim.

À equipe da Editora Gente, que acreditou em um potencial novo. Escrever esta obra foi uma das experiências mais profundas e fantásticas da minha vida, e produzi-la foi uma surpresa desafiadora. Nada poderia ter sido feito sem a competência de vocês.

Finalmente a minha fé, o meu respeito e o meu amor pela humanidade estão eternizados. Gratidão!

Sumário

Introdução

Com que frequência você se faz perguntas como: "quem sou eu? O que eu quero? Qual é o meu propósito de vida?" Essas questões provêm da profundidade do ser humano, induzindo-o a olhar além do nível superficial de existência, para desenvolver seu potencial divino mais elevado. O desconhecido existencial estimula a busca do ser humano pela compreensão da sua dimensão. Existimos para aprender e quando atingimos um nível elevado de consciência nos conectamos com uma versão poderosa de nós mesmos, atraindo uma existência repleta de paz, amor e alegria.

Cresci interessada pela arte em todas as suas formas: dança, literatura, fotografia, música, cinema. Naturalmente conectada com a minha intuição, sempre soube o que queria ser. Com 5 anos já me apresentava em recitais de piano clássico e dominava a teoria musical. Formei-me em Publicidade e fiz pós-graduação em Produção de TV e cinema. Morei em outros países em busca de cultura e conhecimento. Depois continuei desbravando o mundo como produtora musical e DJ, estimulada pela música, a minha razão de ser. Quando toco estou a serviço da felicidade alheia, transmitindo alegria por meio das produções melódicas. Seus elementos e acordes encantam a alma, elevando-a a um nível emocional sublime. O som gera um movimento infinito de descontração. Há uma enorme transmissão de energia positiva entre uma DJ e o público. São milhares de sorrisos que emanam alegria, minha gratidão é indescritível. A música é uma ponte para o eterno, é a linguagem do amor. Por isso toco o que toca meu coração.

Além disso, desde a infância, os livros foram meus companheiros constantes. Pesquisar quaisquer assuntos nas enciclopédias era meu passatempo favorito. Nutrir-me de informações me trazia satisfação, segurança e felicidade. Eu sabia que quanto mais conhecimento tivesse, mais útil e independente me tornaria. Com a maturidade concluí que o conhecimento, quando colocado corretamente em prática, torna-se sabedoria. Um ser sábio é um ser livre! Li a maioria dos best-sellers de desenvolvimento pessoal da minha geração. Essa era uma forma de conexão profunda comigo mesma. Logo senti o quanto os livros de autoajuda nos desenvolvem, incitando a averiguação pelo equilíbrio pleno. O fascínio pelo crescimento intelectual me leva a buscar a compreensão dos mistérios do Universo e da energia que nos rege. Comecei olhando para fora, para o "todo", e então percebi que estava preparada para, finalmente, olhar para dentro.

No desenvolver da minha sensibilidade, participei de cursos de controle da mente e expansão da consciência, até que me senti apta a ir além. Então, fui para Boston, cursar Psicologia na Universidade Harvard, e me tornei coach de desenvolvimento humano. Na mesma época, depois de quase vinte anos de prática de yoga, estudei arduamente para tirar o diploma de mestre de yoga e educadora de bem-estar e saúde pela Chopra Center Faculty na Califórnia.

Aos dezesseis anos realizei minha primeira prática de yoga com uma sensação de plenitude extra-humana. Naquele momento descobri uma das chaves para a longevidade. A yoga é o caminho mais curto para a cura, é uma prática disponível para a evolução de quem estiver pronto para utilizá-la com consciência. Seu verdadeiro propósito é criar uma conexão profunda de concentração, para assim desenvolver a transformação interior. Ela trabalha a disciplina e a determinação, que são habilidades fundamentais para se manter equilibrado por toda uma existência. Quando a mente está agitada, o intelecto para de funcionar e o corpo se torna incapaz. Algumas pessoas não percebem que emoções descontroladas impedem o desenvolvimento da capacidade máxima dos seres humanos.

A yoga tem uma habilidade mágica de trazer a serenidade. Há tanta ansiedade, competição e medo no mundo que alguns já estão conscientes da importância da busca pelo equilíbrio, paz de espírito e poder pessoal. Por meio da prática você se abre e começa realmente a sentir e a se concentrar, o que o leva a uma profunda conexão com o seu divino interior e com Deus. A yoga traz liberdade. É a ciência do equilíbrio entre os opostos, entre o dualismo que vivemos neste planeta. Praticar yoga é resgatar a simplicidade do ser, voltar a ser aquilo que já se é por essência. Por meio dela se desenvolve o amor próprio e, então, o amor por todos. É assim que nos tornamos um.

Ao olhar para dentro, finalmente aceitei o chamado de visitar a Índia pela primeira vez. Havia chegado a hora de deixar o conhecido para trás e de abrir-me para mais desenvolvimento, aprofundamento da fé e busca da verdade. Talvez você, assim como eu, sinta a necessidade de "voltar para casa", de se unir consigo mesmo para viver em estado de contentamento pleno. Por muitos anos intuí que essa viagem seria um divisor de águas na minha breve existência. E foi.

A Índia é um país exótico e misterioso aos olhos dos milhares de viajantes ocidentais que têm percorrido suas terras e conhecido sua cultura. Com sabedoria mística que desafia os milênios, desenvolveu artes e ciências que a muito custo conseguimos igualar e raramente ultrapassar. Ela guarda segredos que, segundo a tradição, só serão revelados em séculos vindouros para as nações que ostentarem os méritos exigidos para essa recompensa. Nessa experiência única, fui inundada por sons, aromas, imagens e sentimentos que pareciam vir de milhares de anos atrás. Além de viver ao mesmo tempo o passado e o presente, senti a presença do sagrado constantemente ao meu redor. Durante a jornada meditei sobre a decisão de buscar respostas pelo mundo e percebi que algumas pessoas não se autorizam a realizar coisas boas para si mesmas. Trazem nesta vida fortes registros de não merecimento. Contudo, a existência já é um presente divino.

Depois que me encontrei com a minha versão iluminada na Índia, continuei a minha peregrinação. No Grand Canyon conheci uma história geológica de bilhões de anos na cadeia de montanhas mais exuberante do planeta; nas pirâmides do México contemplei um dos principais sítios arqueológicos da humanidade, no Brasil me emocionei com a natureza intacta das quase 300 cascatas das Cataratas de Foz do Iguaçu, o maior volume de água por segundo do planeta; na Ilha de Páscoa – o ponto mais inóspito do planeta – identifiquei-me com a cultura Rapa Nui e seus magníficos Moais de 200 toneladas. Atingi um nível elevado de percepção no qual me tornei totalmente desprovida de julgamentos e preconceitos, simplesmente não vejo diferenças. Entre tantas culturas, somos exatamente iguais. Um só povo, uma só raça, um só coração, movido por aceitação, compreensão, compaixão, respeito e amor a todos os seres vivos, à natureza, a nós mesmos e aos outros. Ame o próximo como a si mesmo.

Ainda que minhas viagens tenham sido individuais, elas fazem parte do universo coletivo, pois é por meio do nosso esforço conjunto que a obra-prima da criação virá a se constituir. E assim continuará a crescer à medida que desenvolvermos nossa espiritualidade, que nada mais é do que um processo profundo de autoconhecimento e desenvolvimento pessoal. Sou uma prova vivente de que todos podemos construir uma realidade equilibrada. Acredite! Afaste a ideia de que é normal viver com ansiedade, insegurança, medo, raiva ou tristeza, porque não é. Você pode construir uma realidade baseada na alegria, porque você nasceu para ser feliz. Quando encorajamos, somos encorajados; e nos elevamos quando nos estimulamos positivamente.

Para promover esse estado durável de satisfação, é de suma importância que você procure estabilizar a sua vida nas áreas mental, sentimental, física e espiritual. Esse equilíbrio será seguido por uma sensação de plenitude. Você aprenderá apenas a ser – sem a necessidade incessante de realizar, buscar, competir, sem precisar provar nada para ninguém. Vale a pena achar o ponto de equilíbrio e viver de forma consciente. Existir em piloto automático, pouco atento à maneira como seus atos afetam a sua vida e a dos outros, é manter-se estagnado.

Viver é uma habilidade a ser desenvolvida. Com esta obra você terá a oportunidade de praticar a compreensão e a aceitação de si mesmo, aprendendo a arte de viver. Ninguém evolui sem se desligar do passado, sem permitir a entrada de energias recicladas, as quais trazem experiências positivas, pessoas compatíveis, prosperidade e evolução. Quando vivemos plenamente o novo, o passado se torna uma memória distante. Tornamo-nos desapegados do drama dualístico e finalmente nos concentramos em avançar. Nada é permanente, mudar é a lei da vida. Toda reforma interior depende exclusivamente da aplicação do próprio esforço. Uma busca espiritual sincera requer transparência e disciplina. Cada pessoa tem o seu método e, principalmente, o seu momento, então devemos ser compreensivos com nossos semelhantes. A busca da verdade não é para todos, apenas para aqueles que se sentem preparados para a evolução.

Cada um é responsável pela sua realidade. Quando você produz paz em si mesmo, emana a mesma energia para o mundo. Então, o melhor que você pode fazer – por si mesmo e pelos outros – é equilibrar suas emoções, seu corpo e sua mente. Você sempre terá a escolha de manter a calma, independentemente do que estiver acontecendo ao seu redor. Tenha emoções, mas não se torne emotivo; mantenha o controle emocional. A paz no planeta chegará quando um número suficiente de seres humanos a encontrarem e a manifestarem. A principal mudança começa dentro de você. Por isso Gandhi dizia: "Seja a mudança que você quer ver no mundo."

No seu interior há um manancial inesgotável de alegria. Concentre-se no momento presente para viver plenamente. Para evoluir para um nível mais alto de amor próprio invista no autoconhecimento. Apenas depois que você realmente se conhecer e desenvolver sua melhor versão, poderá ser mestre na arte de se relacionar, influenciando positivamente o mundo ao seu redor. Ascensão é automaestria. Cabe a cada um se tornar consciente do seu processo. O ser humano que escolhe uma existência equilibrada inevitavelmente elevará sua frequência de energia, tornando-se luz para o coletivo.

Sua presença é valiosa. Suas escolhas trazem mudanças para o mundo. Este livro o auxiliará a desenvolver seu poder, promovendo o encontro com uma versão pura, equilibrada e poderosa de si mesmo. Tudo à sua volta provém do que você cultiva no seu interior. Você é um reflexo do que transmite. Portanto, apenas você pode se curar, ninguém mais tem essa responsabilidade. A melhor ajuda que você pode prestar à humanidade é simplesmente ser capaz de manter sua energia elevada. É assim que você entra em comunhão com o fluxo divino de milagres. A força, a coragem e o poder já estão no seu interior, procure por eles. Tome o controle do que é seu, assim qualquer obstáculo se tornará um aprendizado prazeroso.

Eu honro a paz, o amor e sua verdade interior porque também estão dentro de mim. Reconheço, aceito e respeito sua luz, pois mantenho o mesmo brilho divino no olhar. Ao compartilharmos sentimentos elevados, nós nos tornamos um. E juntos somos mais fortes.

Namastê!
Bibba Pacheco ☺

capítulo 1

Você é criador da sua realidade

Antes do começo o tudo era nada. Só a faísca da consciência divina. Dessa faísca surgiu toda a criação, girando em espiral, para o ser, para o centro, girando em círculos de vida. Das grandes galáxias espiraladas a milhares de anos-luz de distância até os trilhões de átomos rodopiando em um grão de areia. O universo foi feito de esferas giratórias de energia, de pó estelar, dando nascimento à vida. Esferas dentro de esferas girando através do espaço, solidificando-se em formas, girando em um eixo, orbitando o Sol. Revolucionando e se transformando através do tempo. O um em muitos, dando luz à vida. Como uma só lua branca nosso brilhante planeta azul gira no espaço. Um planeta feito de terra, água, fogo e ar. Um planeta de som, de luz, beleza e consciência de vida. Em uma intrigante rede tecida com primoroso equilíbrio, essa Terra abençoada, que é a nossa casa, é a grande esfera da qual surge a nossa vida. Geradas do coração do espírito divino, condensando-se para a manifestação.

O um em muitos. Pai Céu e Mãe Terra. Entre eles, as sete camadas da manifestação formam a ponte de arco-íris, conectando a Terra e o Céu. Degraus da matéria ao espírito. Conectando-se através dos nossos corpos conforme nos conectamos uns aos outros e à infinita rede da vida. Esta é a busca para ficarmos conscientes na nossa vivência.

The Illuminated Chakras[1],
por Anodea Judith.

Somos a única espécie, entre milhões na natureza, que pensa, tem consciência da sua existência e escreve a sua história. No entanto, temos escrito uma história que nos aprisiona ou que nos liberta? Liberdade é autonomia, é ser dono do seu destino. É buscar a verdade, realizar suas escolhas sendo responsável por cada uma delas. É seguir com o fluxo natural do Universo, acreditando que tudo acontecerá da melhor maneira para seu maior aprendizado.

Você é um ser espiritual, vivendo em um mundo material e dotado secretamente de inteligência divina e poder criativo. Você tem apenas que se interiorizar em seu verdadeiro ser, conectando-se aos níveis espirituais da consciência. Quanto mais familiarizado você se torna com esses níveis expandidos da consciência, mais potencial se torna disponível a você para a criação de uma vida e um mundo melhor.

Owen K. Waters

1 Áudio disponível em: <https://www.youtube.com/watch?v=fQxvkFR5uuE>.

Nesta Terra abençoada, compartilhamos duas culturas principais: a ocidental e a oriental. E quando desenvolvemos uma visão clara de ambas, percebemos que elas são complementares. Aqui no Ocidente nos acostumados a dar ênfase aos aspectos exteriores da vida e nos movemos entre os estímulos de um mundo capitalista desenfreado. Por causa disso a busca pela evolução está se tornando cada vez maior. Há grande interesse pelo equilíbrio por meio da yoga e da meditação e, consequentemente, pelo aumento da qualidade de vida.

Algumas pessoas privilegiadas vivem em sociedades livres, porém aprisionadas pelos seus altos e baixos emocionais. Elas desenvolvem um conflito interno constante e acabam se preocupando desnecessariamente, criando problemas profundos de questões corriqueiras. Alimentam um número infinito de conflitos por onde passam e ficam tensas ao se deparar com questões simples como ir ou não ir, fazer ou não fazer, querer ou não querer. Elas entram em um estado de insatisfação, insegurança e dúvida eterno. Tudo parece complicado, mas na verdade não é. O desequilíbrio emocional torna as pessoas desmotivadas e elas passam a viver uma ilusão, criando uma realidade sofrida, dolorida, atribulada e, infelizmente, acabam influenciando de modo negativo todos ao seu redor.

O que a humanidade precisa hoje é de mais sabedoria para viver. Dela vem a capacidade de manter a calma e o silêncio interior. Veja e ouça. Não é preciso nada além disso. Manter a calma, olhando e ouvindo, ativa a inteligência que existe dentro de você. Deixe que a calma interior oriente suas palavras e ações.

Eckhart Tolle, em O poder do silêncio.

O barulho mental pode gerar uma enxurrada de sentimentos, tornando-o vítima dos altos e baixos emocionais que você mesmo cria. Sem o silêncio você provavelmente continuará reagindo aos estímulos negativos oferecidos pelas notícias, pelas outras pessoas e pelos próprios sentidos físicos. Nada justifica um comportamento exacerbado – o excesso de emoções gera descontrole, confusão, compulsividade, fúria, discórdia. Por isso, o ideal é intensificar seu trabalho interno, até que nenhum estímulo o incomode. É preciso ser mestre das suas paixões, não escravo delas.

O mundo é um reflexo do que você pensa. Essa é a lei da vida. Se a sua mente é boa, o mundo será bom. Se a sua mente é negativa, o mundo será negativo. Mude o padrão do seu pensamento e o seu mundo mudará de forma positiva. É por meio do controle do intelecto sobre as emoções que você viverá livre.

Pensar é um processo complexo e trabalhoso.
Você precisa aprender e praticar o ato de pensar.
Do contrário achará que é um processo natural
como comer ou respirar. Não há como pensar
claramente sem colocar um empenho necessário para
progredir. Se você realmente quer desenvolver
a faculdade de pensar racionalmente, terá que
dedicar tempo e empenho como se estivesse
aprendendo qualquer outra atividade.
Vedanta

A mente humana é complexa. Quando a preocupação se torna constante na vida de alguém é sinal de que há algo errado. Sentir um frio na barriga ao encontrar uma pessoa especial, antes de uma prova ou reunião importante é consequência de uma reação de estresse. O corpo entra em estado de alerta e há uma rápida liberação de adrenalina que, quando excedida, desencadeia a ansiedade – o mal do século. O termo ansiedade foi definido pelo psicanalista alemão Sigmund Freud, no século XIX, como o medo de algo incerto, sem objetivo. A ansiedade faz parte do nosso sistema de defesa. De modo geral, é um sentimento incômodo relacionado à projeção de algo futuro. Contudo, quando os sintomas se tornam angústia, aflição, preocupação, medo, palpitações, insônia e perturbação do espírito, ele pode ser considerado uma patologia. O ansioso vive em um estado de alerta, graças a qualquer situação que venha a acontecer e que poderá lhe causar sofrimento.

Quando aprendemos a ser despreocupados ficamos desapegados dos problemas e naturalmente felizes. Ao criarmos o hábito de pensar apenas no que é necessário, haverá uma grande economia de pensamentos e energia. Por outro lado, se o nosso tempo é perdido em pensamentos inúteis, o intelecto torna-se fraco e cansado. Assim como as preocupações inibem e ocultam os nossos talentos, a calma na mente inspira e desenvolve a criatividade.

Brahma Kumaris

A ansiedade é influenciada pela maneira como cada um pensa. Se uma pessoa tem uma personalidade densa, dramática, está sempre reclamando e imaginando que as coisas darão errado, ela sofrerá com a ansiedade. Se ela passar dias, semanas ou meses nutrindo um pensamento obsessivo sobre um acontecimento futuro, ela se tornará inquieta, aflita, preocupada e ansiosa. O gatilho para a ansiedade pode ser qualquer situação tida como desafiadora, o que é variável de pessoa para pessoa, pois cada um interpreta a realidade de acordo com o seu nível de desenvolvimento pessoal. Você pode ficar extremamente angustiado antes de uma prova, reunião, encontro ou viagem, enquanto outra pessoa lida de forma natural com essas ocorrências. Um interpreta as experiências com preocupação gerando desconfortos, ao passo que o outro as considera apenas possibilidades naturais na sua existência. O verdadeiro inimigo de um homem está contido nele mesmo. Vencer os outros é fácil, mas vencer a si mesmo é para poucos.

É melhor conquistar a si mesmo
do que vencer mil batalhas.
Buda

A infinidade de fontes de informação que temos na atualidade também pode causar ansiedade. A velocidade com que a informação viaja o mundo aumentou muito nos últimos anos e o ser humano não está acostumado com a quantidade de estímulos que recebe diariamente. No livro *Ansiedade de informação*, o estadunidense Richard Wurman relata que a capacidade da computação mundial aumentou 8 mil vezes nos últimos quarenta anos, significando que produzimos mais informação na última década do que nos últimos cinco milênios. Toda essa concentração gera estresse. São diversos estímulos, frequentemente negativos, que impressionam o seu subconsciente. Imagens provocadoras, impulsos sonoros, notícias catastróficas constantes que, no entanto, podem ser evitados. Você deve aprender a viver no mundo, mas não se tornar o mundo.

Se dou felicidade, recebo felicidade. Se dou tristeza, recebo tristeza. Não é possível esconder-se ou escapar das consequências das ações. As leis físicas naturais que governam este universo expõem o ato mais secreto, punem cada crime, recompensam cada virtude, corrigem cada erro. Tudo isso acontece de uma forma totalmente incógnita, mas com absoluta segurança e precisão.

Brahma Kumaris

Viver preocupado com o futuro atrapalha a vida. Quem nunca perdeu o sono por causa de um compromisso considerado importante no dia seguinte? Esse estado de apreensão afeta a saúde. O esgotamento mental pode ser considerado mais grave do que o físico e pode gerar danos tanto corporais como emocionais. Como geralmente ele é ignorado, o cansaço se acumula e as consequências se agravam. Às vezes o estresse mental atinge níveis tão severos que é sentido fisicamente, caracterizado por dores de cabeça, desequilíbrio em alguns órgãos e outros problemas de saúde. São sinais de que o corpo precisa de descanso, e o cérebro também. O esgotamento minimiza a sua energia e o faz entrar em estado de insegurança. Apesar de sutil, esse cansaço pode mudar a sua mente sem que você perceba. É ele que desencadeia o medo, sentimento essencial para descrever a ansiedade. A diferença básica entre medo e ansiedade está na duração do perigo: no medo a ameaça está próxima; na ansiedade, a preocupação está no futuro.

Quando as coisas não parecem estar indo do jeito que quero, eu me livro da fixação que tenho por como acho que elas devem ser, confiando no fato de que não estou vendo a situação como um todo. Se eu a conhecesse, entenderia que há um motivo para que as coisas se desenrolem do jeito que tem de ser, e que o cosmos tem um plano para mim que é muito maior do que qualquer coisa que eu possa ter concebido. Libertar-se e desprender-se das consequências é a essência do poder genuíno e oferece a única possibilidade real de segurança. Desvencilhar-se de determinado resultado deriva da confiança na inteligência do Universo e na sua ligação com ele.

Deepak Chopra

O medo tem se tornado cada vez mais constante, gerando conflitos entre as pessoas. Os mal-entendidos acontecem porque os níveis de desconforto interno estão elevados. Quem é ansioso tende a se separar dos amigos, da família, dos colegas e retrair-se no próprio drama, ou usa a energia exacerbada do descontrole emocional para falar compulsivamente, reagindo e rebatendo os outros agressivamente. Diante de tantos sentimentos densos, a pessoa com ansiedade pode desenvolver um comportamento solitário ou um transtorno de personalidade antissocial. E a solidão, por sua vez, é caracterizada por uma sensação de vazio e de tristeza, uma desconexão profunda de si mesmo.

O medo da rejeição incapacita milhões de pessoas. Ele faz com que o amor não correspondido seja uma tragédia compreendida por todas as culturas. Espiritualmente, você não pode ser rejeitado, a menos que rejeite a si mesmo.

Deepak Chopra,
em O efeito sombra.

Nunca a falta de habilidade das pessoas para se relacionar se tornou tão visível. Melhores amigos rompem laços, famílias deixam de se reunir, homens e mulheres perdem a sensibilidade e não expressam mais os seus sentimentos. Esquecem o sentido real de um relacionamento, que é uma profunda troca de amor. Estamos rodeados por constantes desequilíbrios na convivência, tanto pessoal como social. Todos estão sendo afetados pela falta de tempo e pela ilusão de que precisam realizar algo, competir com os outros e atingir objetivos materialistas impostos por um ego insaciável. Entretanto, o ser humano sempre viveu em comunidades. Somos uma espécie conectada e nossa experiência na Terra é um equilíbrio de soberania e conexão. Desenvolver relações humanas harmoniosas é um dos maiores objetivos divinos. A vida é feita de trocas e isso se reflete no seu desenvolvimento. A estabilidade emocional dos relacionamentos saudáveis traz confiança, que desenvolve ainda mais nosso poder pessoal.

Todos os seres humanos estão passando pelo mesmo processo de ascensão. A cada dia você se aproxima de atingir o seu objetivo. Você deve saber que é peça essencial na união do grupo. Tudo que você pensa, faz e escolhe afeta o coletivo. Ao investir em si mesmo, focando no amor próprio, toda a humanidade será beneficiada. O seu propósito de vida também é evoluir, para tornar a sua existência e a dos outros sempre melhor. Ninguém vive sozinho. Relacione-se de forma amorosa, equilibrada, harmoniosa. Desenvolva essa habilidade humana.
Estarei protegendo-o e guiando-o.
Eu sou Metraton, anjo da Luz.
Mensagem canalizada por Bibba Pacheco

Segundo os indianos, o Universo existe em ciclos infinitos de criação, preservação e destruição. Deus está dentro de nós e nós somos parte Dele. O homem pode e deve vir a conhecer Deus durante a vida, de forma individualmente orientada e introspectiva. Essa unidade é estimulada. Deus é o máximo do amor incondicional e todas as almas são consideradas facetas do Criador. Cada uma é guiada durante as suas interações cármicas dentro do *dharma*, que em sânscrito significa "lei natural". É tudo o que nos sustenta – a força que nos rege e a essência verdadeira de tudo o que existe. O *dharma* é a natureza essencial de cada ser; compreende a soma de suas qualidades ou suas características particulares. Em virtude das tendências e das disposições que o implica, determina a maneira pela qual tudo deve se realizar na sua existência. É o seu propósito de vida.

> *Existe no Ayurveda um importante conceito relacionado com a evolução humana individual, que é a noção do dharma. O dharma pode ser traduzido como o caminho natural, o comportamento natural ou o dever natural da pessoa. Ele se refere ao fato de que cada pessoa possui um curso de ação que é o mais correto e gratificante para ela, um caminho que produz a maior felicidade e a evolução mais rápida.*
>
> *Deepak Chopra, em* Energia Iluminada.

Quanto mais se contempla, mais se encontra a natureza divina. Esse é o cerne de todo o movimento espiritual do Oriente. O sagrado sai de si, vem a nós e nos transforma. Deus é eterno, está e sempre estará aqui e agora. O processo de desenvolvimento pessoal – que culmina na iluminação – não é uma revelação, mas sim uma realização divina.

Nenhuma adoração é necessária; basta que você siga uma jornada silenciosa em direção ao próprio ser. **No momento em que você encontrar o seu centro, terá encontrado o âmago de toda a existência.**

A felicidade não pode ser encontrada simplesmente por esperar o melhor. Não há atalhos. Nenhuma outra pessoa, nenhuma coisa externa pode criar um estado permanente de bem-estar. Criar isso é nossa própria responsabilidade. Coisas de fora podem contribuir, guiar e inspirar, mas vida é o que fazemos dela, definitivamente. Explorar a casa interior traz entendimento. Com esse entendimento podemos criar a vida que queremos viver.

Brahma Kumaris

Uma antiga lenda hindu diz que houve um tempo em que, na Terra, todos os homens eram deuses. Contudo, eles pecaram e abusaram do poder divino que tinham. Por isso, Brahma, o criador de todo o Universo, resolveu tirar dos homens a sua "cabeça de Deus" e colocá-la onde jamais pudesse ser encontrada.

Quando isso aconteceu, um dos deuses sugeriu: "Vamos enterrá-la bem fundo".

No entanto, Brahma respondeu: "Não, eles cavarão a terra e a encontrarão".

Então, outro deus falou: "Vamos colocá-la no fundo do oceano".

E Brahma voltou a negar: "Não, o homem aprenderá a mergulhar e poderá encontrá-la".

Um terceiro deus disse: "E se a escondermos na mais alta das montanhas?".

Foi então que Brahma finalmente respondeu: "Não, o homem pode escalar até a montanha mais alta. Tenho uma ideia melhor. Vamos escondê-la dentro do próprio homem. Ali ele jamais pensará em procurar".

capítulo 2

Você tem o poder da alegria

Você se sente exausto, sem energia para iniciar novos projetos, cuidar da saúde, conhecer um novo amor ou ampliar o seu círculo de amizades? Acha que não tem capacidade para manter uma mente tranquila, um corpo saudável, um relacionamento harmonioso ou um trabalho prazeroso? Está sempre sem tempo, principalmente para fazer o que realmente gosta? Imaginar que tudo isso não está ao seu alcance é uma grande ilusão e desestimula a busca pelos seus objetivos. Muitas pessoas se sabotam quando estão prestes a realizar um sonho, talvez por receio de errar ou por falta de autoestima, mas também por medo do fracasso ou do sucesso. Chegam a pensar: "por que vou me expor ao novo? Se está ruim assim, pode ficar pior". E continuam cometendo os mesmos erros, alimentando relacionamentos abusivos e vivendo uma realidade insatisfatória. Agindo dessa maneira, elas acabam perdendo o vínculo com a alegria. Desperdiçam a conexão consigo mesmas e, consequentemente, com a vontade de viver. Algumas pessoas fazem qualquer coisa para não enfrentar as suas almas. Entretanto, conhecer a própria escuridão é a melhor maneira de conhecer as trevas alheias. Aliás, tudo o que nos irrita nos outros nos levará à melhor compreensão de nós mesmos.

Muitas vezes, por anseio de sermos amados, nos esforçamos para corresponder às expectativas dos que nos cercam. No desejo de agradar aos outros, abrimos mão do que é fundamental para nós. Se continuarmos a viver em busca da aprovação alheia, iremos nos sentir descontentes e insatisfeitos em relação aos nossos sonhos. Não poderemos ser felizes enquanto não vivermos o mais plenamente possível a nossa própria vida.

James Van Praagh, em
Descobrindo sua força espiritual.

Você não é o que aconteceu consigo, é o que optou por se tornar. Na sua versão equilibrada você adquire poder e se conecta com a sua parte mais profunda, que é sábia, segura, amorosa e cheia de alegria. A solução dos seus desafios virá de saber quem você realmente é. Desperte para dentro de si. No seu interior o Universo renascerá e a vida ressurgirá.

Ser feliz é a nossa verdadeira essência. Precisamos lembrar disso mil vezes por dia. Assim como escavamos a terra para encontrar água, podemos desbastar as camadas do nosso ser até acessarmos esse tesouro à nossa espera.

Swami Sunirmalananda

A alegria é facilmente reconhecida quando a vemos nos outros. Grande parte da humanidade passa a vida inteira em busca de felicidade. Entretanto, como se alcança o tão cobiçado sentimento de plenitude?

Através dos séculos, vários filósofos e líderes espirituais refletiram sobre o tipo de comportamento ou estilo de vida que levaria a um contentamento pleno. O filósofo chinês Lao Tsé defendeu que a harmonia na vida pode ser alcançada por meio do *tao*, que é o caminho para a conexão perfeita com a força da natureza. Maomé, na Península Arábica, enfatizou a caridade e a esperança como elementos fundamentais para a felicidade eterna. Já o pensador chinês Confúcio destacou a cortesia, a sabedoria e a generosidade como qualidades que nos aproximariam de uma existência feliz. Jesus Cristo defendeu o amor como elemento fundamental para atingir harmonia em todos os níveis. Freud, criador da Psicanálise, afirmou que todo ser humano é movido pela busca da felicidade por meio do que ele denominou o princípio do prazer. Segundo ele poderíamos apenas aspirar por uma felicidade parcial, pois há uma impossibilidade do mundo real de satisfazer a todos os nossos desejos. O filósofo grego Aristóteles afirmou que o homem difere de todos os outros animais por ser dotado de linguagem e capacidade para realizar atividades provenientes das suas virtudes. Para ele, um homem feliz é um homem virtuoso. Já a doutrina budista acredita que a felicidade decorre da liberação do sofrimento e da superação do desejo, tudo por meio do treinamento mental. Sua santidade o 14º Dalai Lama, Tenzin Gyatso[2], Chefe de Estado e líder espiritual do

---

2 A linhagem dos Dalai Lamas, governantes espirituais e temporais do Tibete desde o século XIII, é uma sucessão de reencarnações. Um Dalai Lama não é eleito, ele nasce para a posição. Quando morre, deixa sinais que indicam onde ele terá seu próximo renascimento.

povo tibetano, enfatiza a importância da disposição adequada do processo de pensamento para atingir a felicidade, da qual se baseia, sobretudo, a serenidade.

Considero que a espiritualidade esteja relacionada com aquelas qualidades do espírito humano, tais como amor, compaixão, paciência, tolerância, capacidade de perdoar, contentamento, noção de responsabilidade e de harmonia, que trazem felicidade tanto para a própria pessoa quanto para os outros.

É por isso que às vezes digo que talvez se possa dispensar a religião. O que não se pode dispensar são essas qualidades espirituais básicas.

Dalai Lama Tenzin Gyatso

Após sua iluminação, Buda disse: "A vida do jeito que levamos não é satisfatória. Há um vazio interior, um sentimento de falta de sentido que não se pode preencher com coisas ou pessoas. Qual é a causa dessa instabilidade inerente, da insatisfação que nos corrói?". Buda ensinou que a razão desse vazio é o apego. A mente cheia de desejos se baseia na ignorância essencial. Estamos sempre tentando nos agarrar a algo externo. Na nossa ilusão, acreditamos que isso trará felicidade. Nosso apego a pessoas, bens materiais, posição social e carreira não nos traz segurança, muito pelo contrário. O estado de mente apegada é causador de sofrimento, uma vez que todos os desejos nunca serão realizados. **O caminho mais curto para a felicidade é o desapego. Por isso, relaxe, libere, deixe ir.**

Felicidade é quando o que você pensa, o que você diz e o que você faz estão em harmonia.

Mahatma Gandhi

Para promover esse estado durável de satisfação é de suma importância que você procure estabilizar a sua vida em todas as áreas: mental, sentimental, física e espiritual. Esse equilíbrio será seguido por uma sensação de plenitude. Os estímulos do mundo externo não são responsáveis pela nossa felicidade. Eles apenas afetam o nosso cérebro, que acaba gerando sentimentos positivos ou negativos, dependendo inteiramente do nosso estado de espírito. Você já notou que às vezes a mesma pessoa, lugar ou objeto que um dia lhe trouxe felicidade pode lhe trazer sofrimento? Simplesmente porque não é o verdadeiro responsável pelo seu sentimento... você é. Ao atingir uma condição elevada de equilíbrio, nada nem ninguém modificará o seu estado de espírito. Você se manterá leve com uma pluma e firme como uma rocha.

Leve a felicidade aos outros através da sua própria felicidade. Se deseja ser realmente egoísta, seja na ideia de manter a sua paz. Desta forma você não causará mal a ninguém. Em vez disso estará proporcionando essa mesma paz para os outros.

Os sutras do yoga de Patañjali, *por Siri Swami Satchidananda.*

O único egoísmo aceitável é aquele que o faz recusar o que perturba a sua paz. Você sempre terá a oportunidade de mudar a sua realidade para um estado pacífico, pois é o reflexo do que está no seu interior. **Crie a sua alegria!** Embora o mundo exterior nos forneça prazer, é totalmente possível acessar níveis de felicidade profunda provenientes do nosso interior. A principal receita é depender cada vez menos das pessoas e das circunstâncias. Não devemos basear a nossa felicidade no que está fora de nós, pois isso eventualmente nos trará infelicidade.

A humanidade está engajada numa eterna busca porque ela acredita que alguma coisa além lhe trará felicidade, preenchimento e eternidade. Para aquelas almas que procuraram e acharam Deus a busca terminou: Ele é aquela Alguma Coisa Além.

Paramahansa Yogananda

Algumas pessoas têm expectativas diferentes para cada época das suas vidas. Acreditam que a diversão é para quando são jovens. Esse preceito é limitado e atrasa a busca pela felicidade. Você pode viver a experiência toda, plenamente, do começo ao fim, aqui e agora. Viva! **A única regra que se aplica é aquela que você estabelece para si mesmo. Abra-se para as possibilidades infinitas e tenha a experiência toda.** Você pode criar a expressão de vida dos seus sonhos em qualquer idade. A hora é agora! Mantra: “Eu sou merecedor de tudo que a vida tem a me oferecer. Quero ser feliz agora.”[3].

---

[3] Os mantras não têm necessariamente conotação religiosa. São apenas sons que reverberam de forma positiva na mente humana. Quando entoados

Só existem dois dias no ano em que nada pode ser feito. Um se chama ontem e o outro se chama amanhã. Portanto, hoje é o dia certo para amar, acreditar, fazer e principalmente viver.

Dalai Lama

Nada é permanente, a não ser a mudança. Não há progresso sem transformação. Mudar é a lei da vida. Toda reforma interior e toda mudança para melhor depende exclusivamente da aplicação do próprio esforço. Vale a pena rever conceitos, modificar atitudes, transferir sentimentos, desprender-se do que não lhe faz bem, apagando antigos ressentimentos e embarcando em uma jornada em busca da autenticidade, para se encontrar com o seu eu genuíno, para mudar para melhor. A felicidade está nas suas mãos. A cura depende da sua transformação, do seu desejo de vivenciar o melhor. Mude, por você mesmo. Faça isso e estará cumprindo o propósito no seu plano de vida, de evoluir e de ser plenamente realizado.

Assim como a água que flui em uma direção reúne energia, o vento soprando é vigoroso, a luz focada é brilhante, assim também, pela utilização adequada do seu corpo, mente e intelecto, você pode reunir uma força imensa para alcançar felicidade e qualquer objetivo na vida.

Bhagavad Gitâ

---

repetidamente, levam ao relaxamento e induzem a um estado meditativo de equilíbrio, para quem canta e para quem escuta. O mantra pode ser definido como um instrumento de expansão da consciência, já que leva a um estado emocional equilibrado no qual magnificamos a nossa compreensão em relação a questões importantes para o nosso crescimento pessoal.

O Bhagavad Gitâ é a essência do conhecimento védico. Os vedas são a fonte original de toda e qualquer sabedoria, sua origem é transcendental. Desta forma, grande maioria do conhecimento material, espiritual e literário do mundo já esteve contido nos textos védicos. Os Vedas têm como propósito fornecer conhecimento sobre à auto realização espiritual, não obstante seus temas serão compreendidos apenas por pessoas com excepcionais qualidades de bondade. Quem sofre sob a influência da paixão exacerbada, do ego desequilibrado ou da falta de conhecimento não se identificará com suas palavras, provavelmente tendo dificuldade para compreendê-lo.

Amo aquele que não tem preconceitos, é justo, imparcial, confidente, livre de toda ânsia e nunca desespera.

Bhagavad Gitâ

A representação de qualquer escritura sagrada é especialmente destinada à percepção sensorial que possuímos no momento da leitura. Cada indivíduo tem um ponto de vista. O mesmo ensinamento terá significados distintos para diferentes pessoas dependendo do seu nível de conhecimento, ao passo que interpretarão de acordo com as suas experiências vividas.

A verdade só existe para o bem daquele que vê!

Os sutras do yoga de Patañjali – II 21, *por Siri Swami Satchidananda*

Você pode viver no alto da sua plenitude de forma harmoniosa. Você tem o poder de escolha em relação ao seu estilo de vida, à sua rotina, às suas companhias e ao caminho que deseja percorrer para atingir a sua felicidade. Se você está disposto a mudar, você se tornará hábil em movimentar a sua energia, transmutando as vibrações duvidosas. Essa será a sua habilidade. Todos nós nascemos com a capacidade de brilhar em todo o momento, por todos os lugares por onde passamos. Nesse alinhamento fundamental encontra-se o equilíbrio.

Nosso sentido de identidade geralmente nos faz cair na armadilha de pensar que nunca poderemos mudar. Para nos tornarmos uma versão melhorada de nós mesmos às vezes temos que abrir mão das noções preconceituosas sobre quem pensamos que somos. Não importa quem você costumava ser. O que importa é o tipo de pessoa que você quer se tornar.

Yehuda Berg

A mudança costuma vir acompanhada de um processo de autolibertação. Se você tem experimentado forte necessidade de liberar, é hora de deixar o que lhe atrasa no passado. Quando o seu caminho o levar para a beira de um penhasco, você terá duas escolhas: voltar para trás ou aprender a voar. E, na natureza, até as águias precisam de um empurrãozinho para voar. Chega um dia em que a águia mãe gentilmente tenta persuadir a sua prole para a beira do ninho. Seu coração estremece e ela resiste. Por que a emoção de voar precisa começar com o medo de cair? Ela ainda não tem a resposta, contudo, como segue a tradição da espécie, lá está o seu ninho, no topo de um rochedo, sem nada embaixo onde seus bebês possam apoiar as asas. Apesar dos seus medos, a águia sabe que está na hora. Sua missão como mãe está completa. No entanto, ainda resta uma última tarefa: o empurrão. A águia tira coragem da sua sabedoria inata. Até que sua prole descubra as asas, a vida dela não terá sentido. Até que aprendam a planar, não entenderão o privilégio de terem nascido águias. O empurrão é o maior presente que a águia mãe pode lhes oferecer. Então, ela os empurra... um por um. E eles voam!

Às vezes tudo o que precisamos é receber um empurrão, outras vezes precisamos dá-lo. Ele pode ser o maior presente que você tem a oferecer e mudar eternamente o curso da existência de alguém.

Você tem de ser o espelho da mudança que está propondo. Se eu quero mudar o mundo, tenho que começar por mim.

Mahatma Gandhi

As chances para voar alto são infinitas, basta fazer novas escolhas e abrir espaço para o que pode lhe trazer benefícios. Seu coração deve estar à procura da paz de espírito. Prepare-se para a próxima grande onda de oportunidades. Este é o momento pelo qual você esteve esperando. Mantenha-se em movimento e decole.

capítulo 3

Você é o que você come

Ser saudável envolve uma combinação de fatores tanto mentais como físicos. O alimento é a base física do nosso corpo e afeta todo o aspecto do nosso ser. Tudo o que você comer influenciará profundamente o seu modo de pensar, sentir e se comportar. Seu corpo físico foi primeiramente o ar que você respirou, a água que você bebeu e a comida que você ingeriu. Somos o que comemos. Ao escolher uma alimentação natural você automaticamente sintoniza uma faixa diferente de energia, permitindo que mais informações sobre a sua verdadeira essência penetrem em sua mente consciente. Com uma dieta assim, o que você considera realidade certamente mudará.

A alimentação é a matéria-prima que nos conecta ao nosso próprio ser. Você pode fazer meditação, massagens, terapias, mas se não cuidar da alimentação, nada disso terá efeito. Se a pessoa continuar se intoxicando pela boca, nada do que fizer com o resto do corpo surtirá efeito. Todas as tradições espirituais têm instruções relativas a uma boa alimentação, pois é só com o organismo mais puro que a pessoa consegue se conectar com

as informações sutis que nos chegam
através da Fonte, da Criação.
Conceição Trucom

Ayurveda é a ciência da vida: um sistema holístico de cura e de manutenção da saúde. Sua sabedoria foi transmitida oralmente durante milênios, por meio de versos e canções descritas nos vedas, que representam a mais antiga literatura da humanidade. Afirma que a infelicidade não é um padrão natural de saúde, tendo em vista que traz desequilíbrios e doenças. O Ayurveda parte do princípio de que o homem é uma miniatura da natureza, uma vez que tudo o que está presente na natureza, como os cinco elementos primordiais – éter, ar, fogo, água e terra –, existe no ser humano também. Se esses elementos se mantiverem neutro, tanto o Universo quanto o homem se manterão em equilíbrio.

Essa medicina ancestral enfatiza a prevenção, atribuindo-nos a responsabilidade por nosso bem-estar e nossa saúde. Ela respeita a constituição individual de cada pessoa, considerando que a mesma coisa pode ser boa para você e ruim para mim. O conceito de constituição[4] ensina que existem três biótipos humanos, os *doshas*: *vata*, *pitta* e *kapha*, e que todos os seres humanos têm em si algum tipo de combinação desses princípios. A descoberta dessa constituição individual nos permite entender qual o estilo de vida e a alimentação recomendável para cada um de nós, mantendo um bom estado de saúde.

[4] *Prakruti* em sânscrito.

Quando você se alimenta mal, o remédio não é eficaz. Quando você se alimenta bem, o remédio se torna desnecessário.

Provérbio Ayurveda

Além disso, o Ayurveda vê o indivíduo como um todo – corpo, mente e alma – e considera que cada um desses elementos tem impacto no outro. Desse modo, ao cozinhar de acordo com as suas regras, é necessário ter atenção no efeito dos alimentos tanto no corpo como na mente.

A mente, assim como os alimentos, tem três propriedades: ***tamas***, letargia, escuridão; ***rajas***, movimento, agressividade; e ***sattva***, equilíbrio, pureza. Portanto, tudo o que ingerimos impacta no nosso ser.

Alimentos tamásicos: são aqueles que agravam o *tamas* na mente, aumentando a confusão, a depressão, a letargia e a inércia. Incluem comidas processadas, álcool, congelados, drogas e químicos, cebolas, cogumelos e carnes.

Alimentos rajásicos: são aqueles que estimulam o fogo, o movimento, a criatividade, a agressão e a paixão. Tradicionalmente no Ayurveda, eram recomendados aos guerreiros antes de uma batalha. Incluem alho, pimentos, ovos, queijo, açúcar, abacate, citrinos e alimentos fermentados.

Alimentos sátvicos: são aqueles que mantêm a mente limpa, verdadeira e focada. Incluem a maioria dos vegetais frescos, frutas, cereais, leite materno, *ghee*, frutos secos e adoçantes naturais.

Comer de forma *sátvica* tem um impacto em todos os *doshas*. O aumento de *sattva* em *vata* ajuda a acalmar a mente e o corpo; em *pitta* faz com que seja mais fácil gerir a impaciência e irritabilidade, levando à paz e à calma. Em *kapha*, uma dieta *sátvica* ajuda na ligeireza e na flexibilidade, reforçando a calma inata da mente de *kapha*.

A saúde é o espelho do que pensamos. [...] Cada estado de humor fica impresso em nossas células. Mas temos a capacidade de controlar algumas reações do organismo por meio do domínio dos pensamentos.

Deepak Chopra

Devemos escolher alimentos que combinem com o nosso *dosha* e principalmente nos alimentar na quantidade certa. Comer em demasia leva à letargia. Comer pouco não fornece a nutrição adequada ao nosso organismo. Na maioria das vezes sabemos que nosso estômago está cheio, mas tentados pelo sabor – ou por falta de consciência – comemos demais. O ideal é achar o ponto de equilíbrio, finalizando a refeição antes de estar completamente satisfeito, a fim de beneficiar a digestão.

Culturas clássicas voltadas para o progresso espiritual criaram filosofias refinadas de sistemas alimentares. Na Índia, há a Anna Yoga, a yoga dos alimentos. Eis alguns dos seus preceitos básicos:

- Nunca coma em excesso. No fim de uma refeição, o estômago do yogue deve conter metade da sua capacidade de comida, uma quarta parte de água e a outra quarta parte de ar.

- Coma alimentos leves, saudáveis, não adulterados, que sejam de fácil digestão. Abstenha-se ao máximo de comidas pesadas, muito gordurosas e condimentadas. Evite o excesso de bebidas estimulantes, como as alcoólicas, o chá e o café.
- Preocupe-se com as vibrações associadas com a proveniência, a preparação e a ingestão de alimentos. Aqueles que se desenvolveram no caminho da purificação espiritual segundo as regras da yoga sabem que os alimentos só devem ser ingeridos quando sua preparação for feita com amor e cuidado.
- A calma é o estado mental e emocional mais propício para uma boa alimentação. Existe um provérbio sufi que diz: "Se uma pessoa come com raiva, a comida vira veneno.".
- Finalmente, não se pode prescindir da bênção da comida antes de ingeri-la. Consagrar a comida, nem que seja por meio de um breve e silencioso pensamento de gratidão, significa oferecê-la conscientemente para a divindade que possibilitou a sua obtenção. O cristianismo conserva essa tradição ao preconizar orações de graças antes das refeições.

Comemos muito e refletimos pouco. Dormimos agitados e acordamos com pressa. Vivemos como máquinas, precisando de um combustível que possa fazê-las trabalhar. Assim, comemos qualquer coisa que gere energia para tocarmos a vida para frente. Não fazemos distinção entre comida e alimento. A saciedade é o que nos importa. Neste padrão de conduta, vivemos mal, com dores físicas ou psíquicas, querendo sempre algo que não conseguimos acessar. O yoga, na sua milenar ciência terapêutica, traz o enfoque profundo de que o homem se torna aquilo que pensa e a partícula mais sutil do alimento forma a matéria mental. Desta forma, o alimento que ingerimos vai criando a nossa realidade mental e por meio dessa realidade mental vamos gerando nossos hábitos, que vão fortalecendo o caráter e este por sua vez vai determinando a vida. O alimento gera a natureza da mente e deve ser puro o suficiente para ser capaz de gerar uma mente pura.

Maria Laura Garcia Packer,
em A senda do yoga

Há também a alimentação solar, que remete ao Sol, o astro rei, que induz todos os nossos ciclos, dando não apenas vida, mas também saúde, energia e alegria aos seres vivos. Sem o Sol a raça humana simplesmente não sobreviveria. A dieta solar é basicamente uma nutrição crua, que requer que 80% ou mais das opções alimentares contenham um balanço de vegetais de folhas verdes, frutas doces e oleaginosas. Uma dieta de alimentos vegetais crus nos põe em contato com o poder vital. Na origem de todo poder vital encontra-se uma abundância infindável. Segundo David Wolfe, especialista em saúde, nutrição e beleza natural, o propósito desse tipo de alimentação é auxiliar o ser humano a atingir uma saúde superior, que vai ao encontro das formas de vida mais elevadas e que libera poderes adormecidos. As primeiras coisas que evaporam em um ambiente tóxico são as habilidades supernaturais que nos foram dadas ao nascimento. Assim que o corpo começa a ser envenenado, esses poderes se perdem. Contudo, as habilidades naturais superiores não foram totalmente destruídas pela alimentação inadequada, elas estão apenas adormecidas e podem renascer, regenerar e ressuscitar. Quanto mais limpo o corpo, mais perfeitamente irradiará os seus superpoderes naturais.

Alimentos vegetais crus sintonizam você com vibrações mais evolutivas, tornando seus instintos mais fortes e sua intuição mais clara. A maioria das pessoas tem problemas ao tentar abandonar pão, leite, queijo, carne, café, batata frita, doces, chocolate, sorvete. Provavelmente porque essas comidas estão presas a âncoras emocionais e padrões de repetição antigos. Quando são retiradas, sentimentos emergem para serem desintoxicados do organismo. Enquanto essas emoções são liberadas, a pessoa provavelmente se sente desconfortável, porém em longo prazo a cura poderá ser alcançada. Depois de ter assumido o compromisso de melhorar sua alimentação, seu subconsciente reforçará em sua mente que sua vida tem significado e que se empenhar por uma saúde melhor certamente vale a pena.

Vivemos recebendo estímulos intoxicantes não apenas pelo que ingerimos, mas também pelo ar que respiramos e pelo ambiente no qual existimos. Alimentar-se de forma saudável pode ser considerado praticamente um ritual espiritual. A brasileira Conceição Trucom, no livro *Palavras de poder*, de Lauro Henriques Jr., diz que: "Além da limpeza do nosso corpo físico, a desintoxicação alcança todas as dimensões do nosso ser, livrando-nos de coisas como crenças negativas e bloqueios emocionais. O resultado é mais clareza, a vivência real da lucidez.". Alimentos ricos em vitaminas, enzimas, sais minerais e nutrientes nos trazem vitalidade. A purificação do nosso organismo representa o início de uma nova vida, mais leve e longeva.

O discípulo perguntou: "Mestre, qual é a receita para a longevidade?". Ao que o Mestre respondeu: "É muito simples! Basta comer a metade, andar o dobro e rir o triplo".

Ditado oriental

Além da alimentação balanceada, a água é essencial no processo de desintoxicação[5]. Ela é a real fonte da vida, simplesmente um antídoto natural para quaisquer enfermidades. O ser humano precisa mais de água do que de alimento sólido para viver. Uma pessoa pode sobreviver vários dias sem comer, mas sem água isso é quase impossível, uma vez que 70% do nosso corpo é líquido. Nossas células, nossos músculos, nossos órgãos e nossos ossos vivem submersos em água. O corpo não possui reservas para armazenamento de água e para que ele mantenha suas funções básicas é essencial que a sua reposição seja diária. Em medidas caseiras, essa quantidade representa oito copos. E não espere ter sede, pois ela já é um sinal de alerta para a necessidade do corpo por água e aparece quando a quantidade de líquidos no organismo já se encontra abaixo do nível desejado. Reabasteça seu organismo com frequência. Os benefícios serão imediatos como uma pele hidratada, emagrecimento, regulação da temperatura corporal, melhora na absorção e no transporte de nutrientes e na desintoxicação geral. A água cura.

---

5 A dieta desintoxicante ou detox consiste em uma reprogramação alimentar, com a eliminação de toxinas e a estimulação dos órgãos e dos sistemas. Essa revolução no funcionamento do organismo traz uma série de benefícios como emagrecimento, redução de dores de cabeça e insônia. Também proporciona mais energia e bem-estar.

O que as águas estão tentando nos ensinar? Se é verdade que o externo é somente um reflexo do interno, então a resposta está dentro de nós e não fora. As ações que podem ser realizadas lá fora têm que nascer de dentro. As águas também representam as nossas emoções mais profundas. Ainda é um grande desafio para o ser humano ouvir o seu coração. Ele está há muito tempo ouvindo apenas a mente condicionada e, com isso, ele está realmente perdendo algo de muito valioso. Está perdendo a oportunidade de desfrutar desta aventura que é viver aqui neste planeta.

Prem Baba

Ao se sentir desidratado você não estará mais em ressonância com o fluxo natural do Universo e, consequentemente, com a sua versão mais pura, poderosa e capaz. Então a utilização da água, tanto dentro como fora, é um modo incrivelmente simples de aliviar os sintomas que você tem enquanto passa pelo processo de evolução. Pense nela como um elixir maravilhoso que o ajudará a prosperar durante tempos desafiadores. Ela é a substância mais íntima e fisicamente relacionada ao seu desenvolvimento, essencial para seu bem-estar. A água pode limpar o seu corpo, permitindo que ele absorva diferentes energias. Ao utilizá-la como uma ferramenta de desintoxicação, você estará escolhendo entrar no ritmo da natureza, auxiliando a si de maneira simples e eficaz.

Estar imerso em água, principalmente salgada, é extremamente purificador e revigorante. Os benefícios do banho de mar são irrefutáveis. A água do oceano contém vitaminas, sais minerais, aminoácidos e microrganismos vivos. Todos esses componentes são facilmente absorvidos pelo organismo, ajudam a fortalecer o sistema imunológico e favorecem a boa circulação. Ao entrar na água do mar, você absorverá todos aqueles minerais essenciais que perde por estresse, dieta mal equilibrada ou por circular em um ambiente contaminado. Além disso, suas células serão beneficiadas com mais nutrientes e oxigênio e se tornarão mais eficientes, o que resultará em maior fluxo de energia. A riqueza do magnésio transforma o oceano em um relaxante muscular por excelência, hidratando e melhorando a aparência da pele. Um bom banho de mar ativa os mecanismos de cura do organismo, gerando leveza e bem-estar generalizado.

O seu corpo necessita de ar, água, sol, alimentos saudáveis, vitaminas, minerais e movimento para se desenvolver. Sua alma necessita de conexão, estado de ser, paz, amor, fluxo e alegria. A combinação de tudo isso é necessária para estar em saúde, equilíbrio e totalidade brilhantes. Enquanto seus pensamentos se voltam para a saúde, bem-estar e mudança positiva, lembre-se de aceitar, nutrir e apreciar todas as suas partes como necessárias para a saúde total.

Arcanjo Gabriel canalizado por Shelley Young

Outra medida purificadora que você pode adotar é o consumo diário de suco verde todas as manhãs, como um ritual. Há anos ele é o meu único café da manhã. Sempre o bebo em jejum, todos os dias, em qualquer lugar que eu esteja. Nele constam todas as vitaminas e todos os nutrientes que desintoxicam diariamente o corpo, liberando toxinas, aumentando a imunidade, promovendo a juventude, diminuindo a retenção de líquidos e melhorando a disposição tanto física como mental, espiritual e sentimental. O meu suco verde contém: uma laranja, uma maçã, três folhas de couve, espinafre, 300 mililitros de água alcalina (PH acima de 7) – pode ser do coco natural –, bastante gengibre ralado e um pedacinho de banana para adoçar naturalmente. Essa é literalmente a receita da longevidade.

capítulo 4

Movimente-se

A prática regular de exercícios físicos é o melhor caminho rumo ao equilíbrio interno. Incluí-los na sua rotina diária é uma variável determinante no seu grau de qualidade de vida e de evolução. Todos os seres humanos, sem exceção, têm a necessidade natural de gastar energia que, se ficar estagnada, trará ansiedade, dores e doenças. Sem nenhuma dúvida, um corpo físico estimulado trará mais desenvolvimento mental, sentimental e espiritual. Com certeza você se sentirá mais saudável e forte depois de alguns dias praticando exercícios físicos. Cada organismo reage de maneira diferente aos estímulos das atividades, então o ideal é ficar atento às respostas do seu corpo. Respeite-o. Defina cuidadosamente a sua série de exercícios, escolha com carinho os alimentos e bebidas que for ingerir, para não exigir dos seus órgãos internos esforços desnecessários na digestão. Use roupas confortáveis, que acariciem o seu maior órgão, a pele. Respire profundamente o ar fresco da natureza, nutrindo as suas células sanguíneas e oxigenando o seu cérebro.

A principal característica da vida é a energia, o movimento. O ser humano cresce, se movimenta, executa ações. A lei da evolução exige que todos os seres vivos se mantenham ativos. Quem parar suas atividades inevitavelmente definhará. A evolução é marcada por uma constante luta na vida. Onde não há esforço, haverá degradação e morte.

Vedanta

Os benefícios dos exercícios físicos são infinitos: melhoria da aparência, da circulação e da qualidade do sono, desenvolvimento das funções cardíacas e pulmonares, redução do estresse e da ansiedade, tonificação dos músculos, queima de calorias, aumento do autocontrole e da concentração, redução de depressão e de doenças em geral. E basta começar com 30 minutos diários de movimentação física. O mais importante é adquirir o hábito. Tirar um tempo para si mesmo é uma grande oportunidade de desenvolvimento, pois aumenta o amor próprio e os anos de vida.

No que diz respeito ao empenho, ao compromisso, ao esforço, à dedicação, não existe meio-termo. Ou você faz uma coisa bem-feita ou não faz.

Ayrton Senna

Os exercícios aeróbicos são excelentes para quem se considera iniciante. Dentre eles, a caminhada traz diversas vantagens. A maioria das pessoas que não apresenta limitações físicas está apta a fazê-la. Ela permite ao iniciante começar o programa de exercícios com cargas leves e com o tempo pode haver uma progressão lenta, até que a intensidade ideal de treinamento seja atingida. Além disso, a caminhada é uma atividade física que pode ser realizada em praticamente todos os lugares e que pode evoluir para a corrida, que é um exercício completo. Além de desenvolver a capacidade respiratória e cardiovascular, mexe com todos os músculos do corpo.

Outra atividade que você pode fazer é a musculação, que diferentemente do que muitos pensam, não tem apenas função estética. Também aumenta a massa muscular, trazendo inúmeros benefícios para o organismo, entre eles a prevenção da osteoporose. Também desenvolve a massa magra. Com mais músculos no corpo o metabolismo fica acelerado, consumindo mais calorias, mesmo em repouso. O treino de resistência auxilia o organismo a fixar o cálcio nos ossos, fortalecendo-os. A musculação promove um corpo mais forte e um coração mais resistente.

O mais importante é, a qualquer momento, sacrificar o que somos para nos tornarmos o que poderíamos ser.

Maharishi Mahesh Yogi

Todos os tipos de exercício são excelentes para equilibrar não apenas o corpo, mas também a mente. Quando finalizamos uma sessão, a cabeça fica leve, os pensamentos positivos, as pernas flutuam e nos sentimos plenos e felizes. Ademais, o desaquecimento é um momento sublime, meditativo, quase yogue. Tudo isso porque bastam alguns minutos de atividade física para o nosso corpo ser inundado pela endorfina, hormônio que provoca sensação de euforia, bem-estar e relaxamento. Dizem que ela chega a ser mais forte que a morfina, provocando sensações de anestesia e alívio. Em outras palavras, a atividade física é analgésica, calmante, reguladora do sono, controladora do apetite e inibidora do estresse e da ansiedade. O exercício físico nos faz ter vontade de praticar atividades com frequência porque é prazeroso.

Contudo, além de nos movimentar, precisamos repousar. Dormir nos ajuda a recuperar as energias e a organizar a nossa mente.

Ao dormir excessivamente o teu contato com o mundo se torna breve. Ao se manter acordado durante muito tempo mantém o teu contato muito longo. Então através da regulagem cautelosa dos períodos de sono e de despertar você prepara o terreno perfeito para o seu desenvolvimento espiritual.

Bhagavad Gitâ

Uma boa noite de sono coloca o organismo em absoluto equilíbrio. Exercícios físicos são grandes aliados para cansar o corpo naturalmente, substituindo qualquer tipo de tranquilizante ou indutor de sono que provavelmente o contaminará. Para viver bem é necessário dormir o suficiente para que a cura seja iniciada. Respeite o seu sono. Ele deve ser íntimo, sem barulho, sem claridade, sem telefone, televisão ou quaisquer interrupções, com conforto, tranquilidade, paz de espírito, consciência leve e amor-próprio.

Esta prática pode ser leve, moderada ou intensa

Yoga sutra1.22

Ainda no que diz respeito a atividades físicas, vale ressaltar os benefícios da prática de yoga para o equilíbrio do corpo, da mente e do espírito.

Yoga: o caminho mais curto para a cura

Durante a jornada para o objetivo espiritual, o corpo deve se manter ativo. Não existe progresso na direção da liberdade suprema sem transformação, e esse é o ponto fundamental na vida das pessoas, sejam elas praticantes de yoga, ou não. Você deve encontrar as suas próprias limitações. É isso que a yoga ensina: reconheça suas próprias limitações e cresça a partir delas.

B. K. S. Iyengar

Yoga significa conexão, de você consigo mesmo. É uma ciência milenar composta por uma combinação de técnicas que trazem, em pouco tempo, mente serena, coração compassivo, saúde perfeita e poder espiritual, levando à plenitude e ao contentamento. Os *asanas*[6] e a respiração consciente nos conectam profundamente com o nosso eu interior, que se torna cada vez mais puro a cada prática. Os efeitos da yoga são profundos, poderosos e duradouros. Ela mantém a coluna saudável e torna as articulações lubrificadas, os músculos tonificados e o corpo elástico. Sua ação é ampla, pois trabalha o sistema energético do ser humano, responsável por nossa atividade física, mental, sentimental e espiritual.

O objetivo primordial da yoga é restabelecer a paz e a simplicidade da mente, e libertá-la da confusão e da dor. Esta sensação de calma vem da prática dos asanas yogues e pranayama.

B. K. S. Iyengar

A origem da yoga é imprecisa, mas há relatos de que surgiu com a civilização indus sarasvati dez mil anos atrás. Desde esse período muito se perdeu por causa das invasões bárbaras na Índia, até então o país mais rico do mundo, materialmente e espiritualmente. Centros culturais, templos e relatos foram destruídos, a tradição yogue quase foi

6 "Posição confortável" em sânscrito.

perdida. Ainda assim, ela sobreviveu e é considerada a filosofia do caminho do meio. Para praticar, há de ter o mínimo de paciência. Contudo, à medida que se desenvolve, virão a confiança e o entusiasmo. Quem realmente se tornar um yogue por pelo menos um dia, seguramente se transformará e desejará mais. O hábito é contagiante.

Das flutuações à quietude, da quietude ao silêncio, do silêncio ao vislumbre da alma. Assim transcorre a jornada da yoga. Um verdadeiro yogue dedica a sua vida a um propósito superior. Mantém o ego equilibrado, limpando a sua personalidade de qualquer desejo existente. Sua mente não está mais preocupada com o mundo externo, está disponível para a concentração (*dharana*) e a meditação (*dhyana*). Seu intelecto guia a sua mente disciplinada através da prática diária, que vai dos *asanas* físicos à meditação elevada (*samadhi*), estado mental supremo no qual não há pensamentos nem desejos; esse é o objetivo maior do processo de desenvolvimento da consciência.

O desejo é a raiz de todas as emoções. Uma pessoa livre de desejos, raiva e medo experiencia o equilíbrio mental. Os desejos só aparecem quando há insegurança, imperfeição, incompletude interior. Quem realmente se sente completo, controla os desejos e, consequentemente, as emoções. Uma pessoa alcança o estado de perfeição quando não está nem agitada por infelicidade nem exaltada por alegria. Sua mente se mantém em um estado de equilíbrio sem perturbações emocionais. Ainda sente alegria ou tristeza, mas o seu intelecto não deixa que se torne vítima desses sentimentos. As emoções são mantidas sob controle.

Yoga é difícil para aquele cuja mente não é controlada. Deve ser praticada com firme determinação e perseverança, sem qualquer reserva mental ou dúvidas.

Bhagavad Gitâ

Controlar a barulho mental é um fator essencial para a obtenção da automaestria. A fim de se tornar um pensador racional, com uma consciência clara, você deve antes se transformar em um observador da sua mente. Na yoga, a concentração mental deve ser constante. Para o seu desenvolvimento, devem ser utilizadas técnicas apropriadas para aumentar o poder de equilíbrio entre o hemisfério esquerdo e o direito do cérebro, entre a memória e o raciocínio. O controle da respiração, aplicado tanto à captação e à distribuição de energia vital pelo corpo, como à descontração física, emocional e mental, é um dos campos mais importantes da prática.

Yoga é independência, é sentir-se bem e feliz em si mesmo, quando fazemos o caminho de volta para casa, momento em que nos unimos à nossa esfera mais sagrada.

Hermógenes

As últimas décadas trouxeram uma explosão vertiginosa da yoga no Ocidente. Há centenas de estilos com abordagens bastante variadas – Raja, Ananda, Ashtanga, Bikram, Iyengar, Kundalini, Power, Vinyasa. Alguns são formas puras com uma linhagem direta e ininterrupta conectada com a yoga milenar ancestral da Índia, enquanto outros mostram apenas uma leve semelhança com as formas tradicionais da Hatha Yoga. São diversos tipos de prática acessíveis para todos os níveis e todas as idades.

Quando estamos relaxados no asana, nos movemos para fora, mas ao mesmo tempo estamos centrados. A execução é externa, e a perspicácia interna. Foi isso que Patañjali quis dizer no segundo sutra sobre o asana, ao afirmar: "Atinge-se a perfeição quando o esforço para o executar se torna sem esforço e o ser infinito interior é alcançado".

B. K. S. Iyengar

Pratico yoga há quase duas décadas e passei por Hatha (concentração plena na ação), Iyengar (alinhamento), Vinyasa (fluxo), Kundalini (despertar da energia cósmica), para finalmente chegar à Ashtanga[7]. Na Ashtanga, utiliza-se uma técnica respiratória intensa que aquece o corpo de dentro para fora, permitindo a eliminação de toxinas. A repetição da mesma sequência permite o aperfeiçoamento de cada postura, aumentando os padrões de observação da mente. A cada novo dia é possível observar as reações às posturas mais fáceis e também às mais desafiadoras. Aos poucos, os mesmos arquétipos na vida diária são identificados e o mecanismo da mente se torna mais claro. Ou seja, a yoga torna os seus praticantes resistentes tanto nas posturas como na vida real.

A mente funciona como um inimigo para aqueles que não a controlam.

Bhagavad Gitâ

O verdadeiro propósito da yoga é criar uma conexão profunda de concentração, para assim desenvolver

---

[7] Ashtanga em sânscrito significa "o que tem oito partes". Refere-se especificamente aos oito passos delineados pelo sábio yogue Patañjali.

a transformação interior. Se o praticante tiver paciência e constância, o corpo naturalmente começará a se abrir, permitindo que as sensações de transmutação de energia se manifestem. São necessárias disciplina, leveza e serenidade para se manter equilibrado por toda uma existência. A yoga é um momento particular. Não há necessidade de comparar a sua capacidade com a do outro. Na yoga, a relação deve ser de você consigo mesmo, para a própria evolução. Há de ouvir atentamente o seu corpo, sem forçá-lo. Aceite as possíveis limitações físicas e mentais. Como um processo de vida, a yoga nos permite exercitar o que somos, criando possibilidades de nos tornarmos ainda melhores.

Desenvolver força, coragem e paz interior demanda tempo. Não espere resultados rápidos e imediatos, sob o pretexto de que decidiu mudar. Cada ação que você executa permite que essa decisão se torne efetiva dentro de seu coração.

Dalai Lama

O maior templo de Deus reside no coração do homem e a meta da vida humana é manifestar essa divindade. Consciente ou inconscientemente, todo ser humano caminha para expressá-la, pois é nossa verdadeira natureza. Existem vários tipos de yoga pelos quais todos os praticantes e aspirantes espirituais, de acordo com a própria natureza, podem experimentar e perceber sua divindade interior.

Bhakti Yoga – Devoção: ideal para pessoas de natureza predominantemente afetiva. Ensina a desenvolver uma relação de amor e devoção, a sublimar as emoções comuns e a transformar em divino o amor humano. Quem pratica Bhakti Yoga é um ser devoto amigável, não possessivo, equilibrado, convicto, controlado, despreocupado, desapegado, que tem a mente firme e o intelecto dedicado a si mesmo. Não agita o mundo e também não é influenciado por ele. O caminho da devoção requer alto nível de disciplina e treinamento para que os traços divinos sejam desenvolvidos.

Gyan Yoga – Conhecimento: é o caminho do filósofo que deseja ir além do universo visível. É designada para as pessoas de personalidade intelectual, que buscam respostas para os mistérios da vida e do mundo. Humildade, pureza, controle, serviço, indulgência, despretensão, constância são algumas das qualidades desenvolvidas pelos praticantes deste tipo de yoga. Ela conduz à iluminação espiritual aqueles que buscam a realidade última, eterna e permanente, que habita o âmago de cada um.

Karma Yoga – Ação: ensina o segredo da ação de forma que, por meio do serviço voluntário e altruísta, o aspirante possa servir os seres humanos – e todos os seres vivos – como forma de adoração ao Deus que existe no interior de cada um, realizando a própria natureza divina.

Raja Yoga – Rei: conduz ao domínio da mente e das emoções. É o método que trabalha a concentração e a meditação com o objetivo de atingir o *samadhi* (contemplação). É a alma de todas as yogas e também chamada de “o caminho real da yoga”.

Seguindo um ou mais desses métodos sob a direção de um mestre, o aspirante pode perceber a existência da realidade divina como a própria essência e a de todo o Universo.

Uma das missões da vida é descobrir seu eu verdadeiro, sua versão pura, que pode estar encoberta por hábitos nocivos, relacionamentos abusivos, traumas, vícios, intoxicação física, descontrole emocional, problemas psicológicos e ego desequilibrado. Quem faz da realização pessoal um objetivo existencial, perseguindo-o com fé e convicção, não tem atração por posses; nome e fama se tornam insignificantes. Ocorre uma renúncia verdadeira, proveniente da sua capacidade de compreender a natureza efêmera de tudo o que o mundo tem a oferecer. Quando uma pessoa vive em um nível baixo da sua personalidade, os seus pensamentos e os seus desejos são numerosos. Quando, porém, adquire conhecimento, desenvolve valores nobres. Seus pensamentos e seus desejos melhoram em qualidade e reduzem em quantidade.

A prática espiritual é uma constante batalha interior para substituir hábitos negativos por novos condicionamentos positivos. Precisamos fazer um esforço para desenvolver valores interiores, independentemente de sermos religiosos ou não. Usar adequadamente a nossa inteligência e conhecimento é realizar mudanças internas para desenvolver um bom coração. Se você quer transformar o mundo, experimente primeiro promover o seu aperfeiçoamento pessoal e realizar inovações no seu próprio interior.

Tenzin Gyatso – Dalai Lama

O processo de realização por meio da yoga é infinito. Os ensinamentos são tão completos e complexos que seriam necessárias incontáveis encarnações para dominá-los. Para um yogue a prática é a sua filosofia de vida. Os sutras do yoga de Patañjali mostram que os ensinamentos são essenciais para o equilíbrio entre corpo, mente e espírito. Eles nos dão base para trilhar o desenvolvimento e o autoconhecimento. E é aí que a mudança começa: com a compreensão de si mesmo. São oito os passos principais:

1. *Yamas*: conduta moral e ética;
2. *Niyamas*: conduta disciplinar;
3. *Asanas*: posturas;
4. *Pranayamas*: práticas respiratórias;
5. *Pratyahara*: abstenção dos sentidos;
6. *Dharana*: concentração;
7. *Dhyana*: meditação;
8. *Samadhi*: iluminação.

Deixe o yogue se manter solitário, sozinho, sentado, com a mente e o corpo sob controle, praticando constantemente a união com a sua alma, liberto de desejos e possessões.

Bhagavad Gitâ

O *pranayama* é composto por técnicas milenares que têm como objetivo principal desenvolver nossa energia vital, em sânscrito o nosso *prana*. Para aumentá-lo, basta:

- Manter-se hidratado: beba bastante água;
- Conectar-se com a natureza diariamente;
- Comer alimentos frescos, sem conservantes, não industrializados, orgânicos, naturais;
- Praticar exercícios físicos diariamente, porque movimento é vida;

- Praticar yoga, pois isso eleva o *prana* e desenvolve o processo de purificação, equilíbrio, força e rejuvenescimento;
- Descruzar as pernas e manter uma boa postura a fim de alinhar a circulação de sangue e de energia no seu corpo físico;
- Praticar o silêncio, uma vez que o *prana* sai pela boca. Os yogues se mantêm em silêncio para conservar sua energia.

O seu corpo vive no passado e a sua mente no futuro.
Na yoga eles se unem no presente.

B. K. S. Iyengar

Praticar yoga é resgatar a simplicidade do ser, voltar a ser aquilo que já se é por essência. Deixamos de ser escravos da insanidade egocêntrica para reinar como senhores de nós mesmos. Partimos do físico, do palpável, para atingir a nossa versão mais sutil. A prática não se restringe apenas ao ritual em cima do tapete de yoga. Continuamos quando vivemos cada pensamento, palavra e ação de forma consciente. Somos yogues quando podemos desfrutar da felicidade plena ao sermos o que somos por natureza: *Sat Chit Ananda* – ser, consciência e bem-aventurança. A yoga é a unidade da respiração, da consciência e dos sentidos, seguida pela aniquilação de todas as condições da existência. Por meio da prática desenvolvemos o amor próprio e, através dele, o amor por todos, que nos torna um.

capítulo 5

Silencie a mente

É tempo de silenciar a mente para acalmar o coração, compreendendo os seus mais profundos sentimentos. Sem o silêncio você provavelmente continuará reagindo aos estímulos – às vezes negativos – oferecidos pelos outros e pelos próprios sentidos físicos. Nada justifica um comportamento descontrolado, por isso o ideal é intensificar o seu trabalho interno, até que nada o incomode ou desequilibre. Ao controlar as suas emoções você desenvolverá a capacidade de expandir a sua mente, conectando-se com a melhor versão de si mesmo e atingindo assim a felicidade.

Sempre que possível, reserve tempo para experimentar o silêncio. A quietude é o primeiro requisito para que seus desejos se manifestem.

Deepak Chopra, em As sete leis espirituais do sucesso.

Sinta a paz que habita no seu silêncio. É nessa energia que você verá a riqueza do mundo, atraindo tranquilidade, paz e abundância para a sua vida. Repita o mantra: "Estou pronto para controlar as minhas emoções, tornando-me tranquilo e pacífico. Quanto mais silencioso eu me mantiver, mais poderei ouvir". Dedicar um tempo diariamente para praticar o silêncio pode se tornar uma experiência transformadora, tendo em vista que aprofunda a convicção de existência. **O silêncio é rejuvenescedor. Permite que você relaxe em si mesmo, encontrando a tranquilidade interior.** Quando a serenidade e o amor incondicional realmente preencherem o seu coração, você não se afastará mais do caminho que o levou a encontrá-los. A paz interior que você tem procurado moverá seus pensamentos, suas ações e seus sentimentos, tornando-o imperturbável.

A maioria das pessoas almeja a paz. Contudo, em um mundo repleto de tensão e ansiedade, em que somos diretamente influenciados pelas pessoas com as quais nos relacionamos e pelo meio no qual vivemos, não é fácil determinar o modo de alcançá-la. Mas é possível! Quando a paz se torna constante, tudo se equilibra. Há um significativo sentimento de contentamento e segurança, uma sensação de que você tem tudo o que precisa para enfrentar qualquer desafio, acreditando verdadeiramente no seu valor. Tente absorver o poder supremo do todo, do divino que está dentro de cada um de nós, tornando-se assim um canal de esperança para toda a humanidade. Se você quer viver a paz deve acreditar que o mundo realmente se tornará pacífico. Os embaixadores da paz são seres pacíficos e generosos. Eles se voluntariam para ajudar e praticar atos de bondade, doando-se aos outros sem expectativas de retorno. Vivem felizes, amando a vida em todas as suas formas. Aceitam os acontecimentos graciosamente, são prestativos ao interagir divinamente. Eles apreciam os valores do amor, da coragem, da compaixão e da bondade em si mesmos e se consideram dignos de manter a felicidade interior. Esse é o verdadeiro amor pacífico que uma pessoa pode manifestar em sua plenitude. No entanto, deve-se ter em mente que o desenvolvimento do equilíbrio interior demanda tempo, dedicação e paciência. "Não adianta querer resultados rápidos e imediatos sob o pretexto de que se decidiu mudar". Cada pensamento, sentimento e ação executada permitirá que essa decisão se torne efetiva para o seu processo de evolução pessoal.

A paz flui por meu coração

A paz flui por meu coração e, como um zéfiro,
sopra sobre mim.
A paz, como fragrância me permeia.
A paz me trespassa como raios de luz.
A paz apunhala os corações do ruído e da inquietude.
A paz reduz a cinzas minha inquietação
A paz se expande como um globo de fogo e preenche
minha onipresença
A paz, como o oceano, invade todo o espaço
A paz, como sangue rubro, vitaliza as veias
de meus pensamentos
A paz, como auréola ilimitada, envolve
meu corpo infinito
A paz se lança, como chamas, dos poros de minha
carne e do espaço inteiro
A paz é um vinho que flui perpetuamente do lagar de
todos os corações
A paz é o alento das pedras, das estrelas e dos sábios
A paz é a ambrosia, é o vinho do Espírito,
que flui do frasco do silêncio,
E que sorvo com as bocas inumeráveis de meus átomos.

Yogananda

Encontre a paz na meditação

A meditação é tão antiga quanto a humanidade, contudo seus primeiros relatos apareceram na Índia. Apesar de ser constantemente associada a questões tradicionalmente relacionadas à espiritualidade, ela também pode ser praticada apenas como um instrumento para o desenvolvimento pessoal, sem contexto religioso. Mas, afinal, para que meditar? A palavra meditação vem do latim *meditare*, que significa "voltar-se para o centro no sentido de desligar-se do mundo exterior". A intenção é que, por meio do silêncio a pessoa foque a sua atenção para dentro de si mesma. Apenas com a mente tranquila, desprovida de pensamentos turbulentos e desnecessários, é possível se tornar leve e encontrar a paz.

Quanto mais você medita, mais pode ajudar os outros e mais profundamente estará em sintonia com Deus. As pessoas egoístas permanecem espiritualmente estagnadas, mas as altruístas expandem sua consciência. Quando encontrar a sua onipresença na meditação, você encontrará Deus. Se Ele estiver satisfeito, toda a natureza trabalhará em harmonia com você. Aprenda a falar com Ele com toda sua alma.

Paramahansa Yogananda

Meditar é o maior investimento que você pode fazer na sua saúde, no seu crescimento e no seu bem-estar, já que o simples processo de sentar-se e ficar em silêncio durante alguns minutos tem o poder de equilibrar seu corpo físico, assim como altos e baixos no seu corpo emocional. Imagine uma vida sem variações extremas de humor, sem sentimentos desconfortantes como angústia e ansiedade? Meditar diariamente é um modo de se encontrar consigo mesmo e estimular uma quietude incomparável. Neste estado qualquer tipo de angústia e ansiedade cessará, e você viverá em seu potencial máximo.

A verdadeira meditação começa e acaba na mente. Não procuremos a concentração forçada, que só nos causa ansiedade; quando meditamos direito, a verdadeira concentração aparece. Ela não surge do fato que escolhemos tais pensamentos, ou nos livramos de tais emoções. Ela aparece porque nossa alma não busca respostas.

Jiddu Krishnamurti

A meditação pode ir do simples relaxamento até a busca máxima pelo nirvana. Ao entrar em uma visualização silenciosa, você se coloca em uma posição poderosa. Na plenitude do seu equilíbrio interno você tem certeza, e não precisa de nada nem de ninguém. Quando a sua mente se encontra continuamente em memórias do passado ou em expectativas do futuro, ela não dá a devida atenção ao momento presente, que é a única realidade. Entretanto, com uma respiração profunda, é possível reduzir a velocidade dos pensamentos, diminuindo a atividade mental, para então contemplar o momento presente.

O corpo, nascido da carne, tem suas limitações, ao passo que a alma, nascida do espírito, tem poderes latentes ilimitados. Por meio da meditação, a consciência humana se transfere do corpo para a alma. E pelo poder de intuição da alma, alcança o homem à experiência de si próprio.

Paramahansa Yogananda,
em A yoga de Jesus.

Vale a pena tirar um tempo para refletir e avaliar a sua vida. Quando você diminui o ritmo, torna-se mais focado e preenchido, permite que o seu poder interno se transforme e revigore a sua verdade. Naturalmente você começa a apreciar períodos de introspecção. A reflexão requer silêncio, para que você possa compreender as suas reações emocionais. Ao se desconectar do pensamento, você terá sentimentos mais neutros, o que resultará em uma liberação de energia consciente e agregará positividade às suas atitudes e às suas ações. Como humanos, temos inúmeras emoções. Até os mestres lutam para manter o controle. Contudo, em uma situação desafiante, não gastam energia oscilando de um extremo emocional a outro, simplesmente retornam rapidamente para o seu estado de equilíbrio pleno.

A meditação é uma prática única e pessoal. Uma dica útil para os iniciantes é se sentar imóvel com a coluna vertebral ereta, preferivelmente sentado. Sugiro a posição de lótus[8] pois melhora a respiração e promove a estabilidade física. Essa posição facilita o fluxo natural de energia corporal. O passo seguinte é relaxar todos os músculos, mantendo o corpo firme. Então você pode iniciar uma série de respirações profundas, inalando paz e exalando amor. A cada expiração, toda intenção de movimento deve ser eliminada. A disciplina o levará à consciência de si e à autorrealização. Meditar fortalece o intelecto, melhora a concentração, o humor, a equanimidade. Além disso, amplia a compreensão do seu papel nesta existência e dos princípios espirituais que trazem harmonia em todos os níveis

[8] Em sânscrito, "padmāsana", posição que lembra a flor de lótus, com as pernas dobradas uma sobre a outra.

de vida na Terra. Quando você entra no estado de meditação transcendental, conecta-se com o fluxo da criação.

Na perfeita quietude do corpo e da mente, o yogue desfruta a inefável paz da presença da alma. A vida habita o tempo do corpo; a luz, o tempo da mente; e a paz, o tempo da alma.

Paramahansa Yogananda,
em A yoga de Jesus.

O silêncio é uma prática espiritual profunda. Em minha viagem ao coração do Grand Canyon saí de beta – estado mental de atenção, concentração –, para alfa – estado de visualização, relaxamento. Quanto mais me aprofundava em minha alma, mais me aproximava do estado de supraconsciência. Sentia a minha percepção de tudo expandir, e é assim que nos fundimos ao amor por todos os seres vivos. Foi possível sentir a paz em toda parte, nas rochas, nas flores, nos animais, em cada ser humano e na atmosfera que todos compartilhamos mutualmente. Entrei em um estado de agradecimento ilimitado. Ter saúde é um milagre e a consciência disso me torna apta a desfrutar a beleza da criação divina. A paz interior que se experimenta em uma vivência assim é um encontro com a própria alma. A serenidade que senti ao me aprofundar é Deus. Toda vez que alcanço a experiência de união com todas as coisas, estabeleço o divino templo da minha infinita percepção interior.

ॐ

A força das palavras

Desde a infância tenho o hábito de ler a *Bíblia*, o livro mais lido de todos os tempos. Ela relata uma linda história de amor entre os homens e Deus. E, acredito que por meio das nossas ações podemos contribuir com essa história. Alguns autores a apontaram como fonte de sucesso, sugerindo que personalidades de destaque mundial têm o hábito de ler os Provérbios[9] diariamente, tomando suas decisões baseadas na mensagem das escrituras. Em *Salomão, o homem mais rico que já viveu*, o profeta diz: "As palavras suaves são como favos de mel, doces ao paladar e força para os ossos" (Provérbios 16:24). Elogios, palavras afetuosas, incentivo e compreensão são capazes de penetrar na mente de uma pessoa e curar a sua alma.

O coração do sábio instrui a sua boca e aumenta o ensino dos seus lábios.

Provérbios 16:23

A palavra pode unir ou separar, acalmar ou irritar, iniciar ou acabar, pode gerar sentimentos de amor ou de ódio. Ela vem carregada de um grande poder, tanto para o bem como para o mal. O que você diz pode ferir ou curar o próximo. É uma ferramenta extremamente eficaz e acessível para ser empregada sempre que você precisar de um ajuste

---

9 O livro dos Provérbios faz parte do *Antigo Testamento da Bíblia* e tem como propósito fazer com que as pessoas alcancem a sabedoria e a disciplina e tenham uma vida prudente, agindo de modo correto, digno e justo.

energético. Você pode falar em voz alta palavras de conotação positiva durante todo o seu dia, sempre que achar necessário. Experimente entoar – mentalmente ou em voz alta – os mantras: "Eu sou paz! Eu sou amor! Eu sou grato! Eu tenho saúde! Eu tenho sucesso! Eu tenho valor! Eu tenho poder! Eu sou amado! Eu sou plenamente feliz!" Essa é uma das ferramentas mais fáceis e eficazes que você pode utilizar para assumir o controle de sua vida e encontrar conforto e equilíbrio.

O sábio nunca diz tudo o que pensa, mas pensa sempre tudo o que diz.
Aristóteles

A fala só é agradável quando provém de uma longa espera e de uma pausa silenciosa. É na escuta que o amor começa e é na "não escuta" que ele termina. O que as pessoas mais desejam é alguém que as escute tranquilamente, sem dar conselhos, sem dizer "Se eu fosse você..." ou "Ah, eu já sei...". Os relacionamentos são prejudicados pelo uso das palavras no confronto entre o certo e o errado. Vários conflitos espalhados pelos povos ao redor do mundo são decorrentes disso. Para que alguém tenha razão, outra pessoa precisa estar errada; todavia não existe apenas uma perspectiva correta. Certo, para você, é o que está de acordo com a sua percepção. Você vê o mundo como você é, os outros veem o mundo como eles são. Perceber isso é extremamente libertador.

Verdadeiros seres humanos são aqueles que tratam seus companheiros com equanimidade, sinceridade, gentileza, tato, respeito e amor. Isto é espiritualidade na ação. A pessoa que corporifica tais qualidades torna-se próxima à natureza de Deus. A distância entre a verdade dela e a verdade Dele é de apenas um pensamento.

Brahma Kumaris

Na verdade, nada jamais está errado. Cada um tem a exata experiência que deseja e você simplesmente não tem conhecimento das razões das outras pessoas. A única coisa que você está qualificado a decidir, como especialista da sua expressão única, **é sobre o que é certo ou errado para você.**

Aceitar que somos eternamente diferentes é o primeiro passo para construir a unidade. Harmonia entre iguais é tarefa fácil, entre opostos, um desafio. Opiniões diferentes podem criar discórdia ou enriquecer o produto final, depende da visão e do nível de altruísmo. Sustentar a unidade é apreciar o valor do conjunto e a singular contribuição de cada um, permanecendo leal, não apenas uns com os outros, mas também à meta estabelecida.

Brahma Kumaris

Desista de ter razão. Abrir mão desse impulso fará com que grande quantidade de energia positiva se torne disponível. Não significa que não deve ter um ponto de vista, mas que você pode exercitar o desapego de estar sempre certo. Quanto mais você aceitar a opinião alheia, menos terá a necessidade de julgar. Conforme você for relaxando, começará a deixar de lado sua obsessão por rótulos e avaliações, que não passam de defesas do ego. Quando você parar de lutar na batalha pela razão, sua mente se tornará mais tranquila, sua percepção se expandirá e você encontrará a verdadeira tranquilidade na alma.

O homem comum fala, o sábio escuta, o tolo discute.
Provérbio oriental

Você prefere ser feliz ou ter razão? Sempre que sentir a necessidade de argumentar sobre algum assunto, mesmo que você tenha certeza de que está certo, exercite a serenidade. **O silêncio é de ouro e muitas vezes é a resposta adequada. Evitar uma discussão é a melhor maneira de vencê-la.** Você verá que com a prática do silêncio o seu sentimento de satisfação por ter se controlado será recompensador. Diga para si mesmo o mantra: "Para evoluir praticarei o ato de ouvir. E mesmo que ache que tenho razão, deixarei o outro falar para evitar qualquer tipo de discussão desnecessária. Guardarei a minha sabedoria para pessoas que conseguem debater um assunto de forma civilizada e harmoniosa. Assim pouparei energia para o que realmente importa: a minha felicidade".

Se falta um espaço de silêncio e calma, o relacionamento será dominado pela mente e ocorrerá o risco de ser invadido por problemas e conflitos. [...] Se há silêncio e calma, eles se tornam capazes de dominar qualquer coisa. Basta um instante de atenção. Quando você escuta o que o outro diz, estabelece a calma silenciosa. [...] Na verdade, não há a outra pessoa. Você sempre está encontrando com si mesmo.

Eckhart Tolle,
em O poder do silêncio

Na mitologia hindu há uma forma de Deus chamada *Dakshinamoorthi.* Conta-se que ele estava sentado com quatro discípulos a sua frente. Eram todos eruditos, já tinham lido todos os livros sagrados e ouvido tudo o que havia para ser ouvido, entretanto ainda não compreendiam a verdade. Por isso o procuraram e pediram que *Dakshinamoorthi* lhes explicasse o mais alto Brahma. Ele apenas se sentou em silêncio. Depois de horas, os discípulos se levantaram, fizeram uma reverência e disseram: "Swami[10], nós compreendemos". E foram embora, porque tudo só poderia ser explicado em silêncio.

O supremo princípio não manifesto, somente pode ser explicado pelo silêncio, não por palavras. É no real silêncio da mente que está o alvorecer da sabedoria.

Os sutras do yoga de Patañjali,
por Siri Swami Satchidananda

Apesar da importância do silêncio, desde o princípio dos tempos a voz também é utilizada em rituais de meditação e cura. Todos nós detemos nela a capacidade de ativar e harmonizar corpo, mente e espírito. Quando essa força positiva é gerada com a intenção do coração e da alma, a voz pode se tornar uma poderosa ferramenta de transformação, autoconhecimento e paz interior.

Cada um de vocês pode ser uma voz de esperança, segurança, felicidade e paz. As suas palavras benéficas podem mudar a vida de uma pessoa. Vocês podem apoiar uns aos outros de forma construtiva. Cada boa

[10] Swami provém do sânscrito e significa "aquele que sabe e domina a si mesmo" ou "livre dos sentidos". O título indica o conhecimento e domínio do yôga e do mestre espiritual.

ação que você fizer atrairá o céu para a sua vida. Você já nasceu com o dom da comunicação. Seja cauteloso ao se expressar, as suas palavras têm força, energia. Direcione este poder para o bem de todos. Ouça o seu coração antes de proferir as palavras, preste atenção em como afetarão os outros. Você, como anjo divino, deve expressar a divindade de Deus. Faça o bem para colher o bem. As palavras têm o poder de cura, expresse-se de forma elevada, como ser de luz que você já é. Eu estou sempre ao seu lado.

Mensagem do Arcanjo Gabriel
canalizada por Bibba Pacheco

A voz **é um dos maiores poderes que temos.** Quem utiliza uma comunicação positiva, com palavras bondosas, não apenas cura quem está ouvindo, mas transforma a própria vida. O incentivo melhora o astral das pessoas e passa adiante uma energia leve. Além disso, sentimentos positivos quando são externados trazem admiração de quem os recebe.

Mesmo um tolo é considerado um sábio se mantiver a boca fechada.

Provérbios 17:28

Aquele que é capaz de defender um argumento forte com poucas palavras é admirado pelos que o cercam. Temos dois ouvidos e uma boca, por isso **exercite o ouvir.** O nosso cérebro deve ser aperfeiçoado tanto quanto os nossos músculos. No início parecerá um desafio, contudo, depois de exercido o equilíbrio, naturalmente escutar se tornará um grande prazer.

Para se ouvir deve haver uma quietude interior, uma atenção relaxada. Palavras confundem; elas são apenas o meio exterior da comunicação. Para se comungar além do ruído das palavras, deve haver no ouvir uma passividade alertada. Aqueles que amam podem ouvir, mas é extremamente raro encontrar um ouvinte. A maioria de nós busca resultados, metas atingidas. Estamos para sempre superando e conquistando e assim não há ouvir. Apenas no ouvir pode se escutar a canção das palavras.

J. Krishnamurti, em The Book of Life

Vale lembrar também que devemos ser cuidadosos com as palavras. Em um mundo repleto de mentiras, falar a verdade é um ato revolucionário. Você pode e deve ser autêntico, fiel à veracidade das suas palavras. Quando for se expressar, esteja seguro de que não o fará no calor da perturbação. Aumente a distância entre o sentimento e a emoção. Tenha certeza de que estará calmo o suficiente para proferir palavras de paz. Há um ditado oriental que diz: “Se quiser soltar a flecha da verdade pelo menos a molhe no mel antes”. Há sempre uma maneira leve, cordial e delicada de se expressar. Diga a verdade. Contudo, explane-se com suavidade. Tenha compaixão ao se expressar.

Pense no que vai dizer antes de abrir a boca. Seja breve e preciso, já que cada vez que deixa sair uma palavra, deixa sair uma parte do seu Chi (energia). Assim, aprenderá a desenvolver a arte de falar sem perder energia.

Nunca faça promessas que não possa cumprir. Não se queixe, nem utilize palavras que projetem imagens negativas, porque se reproduzirá ao seu redor tudo o que tenha fabricado com as suas palavras carregadas de Chi.

Se não tem nada de bom, verdadeiro e útil a dizer, é melhor não dizer nada.

Tenha um momento de silêncio interno para considerar tudo que se apresenta e só então tome uma decisão. Assim desenvolverá a confiança em si mesmo e a Sabedoria.

Evite julgar ou criticar. Julgar é uma maneira de esconder as nossas próprias fraquezas.

O Sábio tolera tudo sem dizer uma palavra. Deixe que cada um resolva os seus problemas e concentre a sua energia na sua própria vida. Ocupe-se de si mesmo, não se defenda.

Faça uso regular do silêncio para educar o seu ego, que tem o mau costume de falar o tempo todo.

Pratique a arte de não falar. Progressivamente desenvolverá a arte de falar sem falar, e a sua verdadeira natureza interna substituirá a sua personalidade artificial, deixando aparecer a luz do seu coração e o poder da sabedoria do silêncio.

Graças a essa força, atrairá para si tudo o que necessita para a sua realização e completa libertação.

Fique em silêncio, cultive o seu próprio poder interno. Respeite a vida de tudo o que existe no mundo.

Texto taoísta, adaptado.

ॐ

Respeite o livre-arbítrio de cada um

Cada pessoa é responsável pelos próprios atos e escolhas, portanto o livre-arbítrio deve ser sempre respeitado. **O ser humano vive o próprio karma**[11]. Nem Deus – que tem o poder supremo – escolhe o nosso caminho. Sempre teremos o livre-arbítrio disponível, que será usado de acordo com o nível de consciência que tivermos no momento específico no qual tomarmos uma decisão. Algumas escolhas nos levam a destinos doloridos, outras a futuros promissores. No entanto, tudo o que acontece na nossa vida é proveniente do que escolhemos. Os portões da transformação são abertos de dentro para fora.

Ninguém é convencido a mudar. Você não pode fazer o outro evoluir, a menos que ele esteja em total acordo e aceite plenamente o que está sendo proposto. E, mesmo assim, fará tudo da maneira dele. Todas as almas estão trilhando as suas jornadas e têm o livre-arbítrio para tomar decisões para si mesmas, não para os outros. **Você é dono apenas do próprio destino, e não do destino alheio.** Ninguém gosta de ser controlado. Enquanto achar que pode conduzir, consertar, controlar os outros, você se desgastará e afastará as

---

[11] Karma em sânscrito significa "ação, movimento". Ele é criado em todas as nossas existências, podendo ser neutro, positivo ou negativo. Os acontecimentos do mundo externo são reflexos do que criamos internamente. O pensamento conduz ao sentimento que conduz à ação e à reação ou efeito correspondente. Desse modo, colhemos o que semeamos. No hinduísmo, karma se refere ao efeito que nossas ações geram em nosso futuro, tanto nesta como em outras vidas, após eventuais reencarnações. No budismo, refere-se às nossas intenções, que podem ser boas, más ou neutras. Boas intenções geram bons frutos, más intenções geram maus frutos.

pessoas. Não há nada que você possa fazer em relação às escolhas dos outros, a não ser respeitar o livre arbítrio de cada um.

Tente não se abalar pelos contratempos que acontecem à sua volta. Há um pensamento yogue que diz: "Eu observo, mas não me envolvo". A sua paz interior depende exclusivamente disso: de deixar que as coisas aconteçam sem que você se envolva emocionalmente. Você pode ter emoção, porém nunca se tornar emotivo. Cada situação, cada desarmonia, cada pessoa que o desrespeita, agindo em dissonância com o amor, é uma oportunidade para você permanecer neutro, declinando a imposição do desajuste alheio. A energia negativa que o outro externa é uma projeção dos seus problemas internos. Geralmente não é nada pessoal. Exercite a imposição de limites saudáveis e escolha não entrar no conflito. Afaste-se do drama, principalmente quando não é seu. Permita que o caos e a desarmonia existam, mas não se importe com isso. Você não pode mudar as pessoas. Manter uma postura harmoniosa, elegante e sem envolvimento emocional em situações conflitantes nos confere o poder de resolução.

Ó Espírito Santo. Inspira-me sempre o que devo pensar, o que devo dizer, como o devo dizer, o que devo calar, o que devo escrever, como devo agir, o que devo fazer para obter a Vossa glória, o bem das almas e a minha própria santificação. Amém!

Cardeal Verdier

capítulo 6

Modifique seu *mindset*

Somos o que pensamos. Tudo o que somos surge com nossos pensamentos. Com nossos pensamentos, fazemos o nosso mundo.

Buda

Tudo o que quiser alcançar na vida dependerá da maneira como você pensar. Mude os seus pensamentos e o seu mundo mudará. A leveza da positividade é o seu estado natural de ser. Por uma questão de sobrevivência, todo o seu comportamento tem uma intenção positiva, pois o seu cérebro naturalmente faz associações de acordo com referências elevadoras. Entretanto, ter uma visão positiva é uma escolha. Apenas você pode escolher uma vivência baseada em pensamentos prósperos, lançando uma luz construtiva em relação aos eventos da sua vida. Só você pode fazer uso da visão positiva que trará o vislumbre de um futuro cheio de oportunidades, possibilidades e soluções.

Se você persistir em falar e em pensar sobre prosperidade e êxito, não haverá forças no céu ou na Terra que impedirão que você seja bem-sucedido.

Catherine Ponder, em
As leis dinâmicas da prosperidade

Algumas pessoas tentam mudar os maus hábitos e os comportamentos limitantes, sem modificar o principal: o *mindset*, que é basicamente um modelo mental, composto por um conjunto de crenças, valores e ideias, responsáveis pelos resultados de tudo o que obtemos na vida. Ele denomina a configuração da mente e a maneira como você interpreta o que acontece ao seu redor. Então, baseado nos seus paradigmas pessoais, o seu *mindset* será a maneira como você encara o mundo. Pode ser negativo ou positivo, depende exclusivamente do seu ponto de vista.

Você é um ser único, vê e vive o mundo da sua maneira, que está relacionada com a sua personalidade, com as suas experiências, com o empenho e a quantidade de tempo que você dedica à busca de conhecimento. Esse é o seu padrão único de ser. Se você fizer sempre a mesma coisa, ficará preso, repetindo padrões: de emprego, de amigos, de relacionamentos, de problemas familiares. Repetir padrões antigos ou sair deles também determina o seu nível de fracasso ou sucesso. No entanto, se o Universo é composto por infinitas possiblidades, por que permanecer em um relacionamento abusivo ou em um emprego insatisfatório? Por que manter aquela mesma discussão familiar desnecessária? Você pode escolher ser feliz. Basta se permitir. Você é plenamente capaz e merece tudo de melhor. Contudo, como adquirir essa vida dos sonhos? **Atitude! Mude os hábitos defasados, amplie a sua maneira de ver o mundo, exercite o pensamento positivo sobre si mesmo.**

Faça como o ditado "aquele que conquista a mente conquista o mundo". Tenha apenas pensamentos que você pede para sua mente ter. Dizer que sua mente pertence a você significa que você é o dono, o mestre da mente. Se pensamentos inúteis surgirem, faça com que seus pensamentos puros terminem com tudo aquilo que é inútil. Se você quiser meditar, diga para sua mente não o perturbar. A alma é o senhor, a mente não é o senhor. A mente é a companheira da alma. Então, a partir de hoje, dê uma ordem a sua companheira com amor.

Brahma Kumaris

Para criar o *mindset* correto você deve viver de forma consciente, reprogramando o seu cérebro positivamente assim que um obstáculo aparecer. Comece com: "Há sempre uma saída. Há sempre uma solução." **Reprograme o seu cérebro para pensar de maneira positiva!** Assim evitará quaisquer padrões de crenças limitantes, receio ou autossabotagem em relação a algo que almeja realizar. Um *mindset* voltado para o progresso lhe fará acreditar na eterna busca pela melhor versão de si mesmo por meio de um aprendizado constante, do autoconhecimento e do desenvolvimento pessoal. Se você realmente deseja mudar algum setor da sua vida, observe-se melhor. Além de planejar a sua rotina diária, você pode se reprogramar para ser mais saudável, sereno, amoroso, compreensivo, próspero, eficiente, satisfeito, paciente, perseverante, compassivo, equilibrado e feliz. Seu pensamento elevado transmite informações positivas para todas as suas células. **Peça e receberá. Afirme e acontecerá.** Um bom exercício é repetir sempre que puder o mantra: "Eu vibro positivamente o que desejo manifestar em minha vida. Meu corpo é saudável, belo e trabalha em perfeita harmonia. Corto todos os hábitos, situações e pessoas que me influenciam negativamente. Sou feliz e respeitado pelo que sou e faço. Imponho limites saudáveis, ao passo que me amo e sou amado. Meus pensamentos elevados atraem abundância e prosperidade. Sou um foco de luz e esperança, estou a serviço do mundo. Aceito e compreendo todas as pessoas exatamente como elas são. Tudo flui bem em minha vida.".

A mente é a criadora de tudo. Portanto, você deve guiá-la para criar apenas o bem. Se você se apega a certo pensamento com força de vontade dinâmica, este finalmente adquire uma forma exterior tangível.

Paramahansa Yogananda

Você pode treinar para amenizar os altos e baixos emocionais. Ao manifestar pensamentos negativos – de culpa, medo, inveja, raiva ou tristeza – você desenvolverá emoções e sensações desagradáveis que lhe causarão desconforto. Ninguém mantém a energia elevada com a mente repleta de ideias improdutivas. Uma habilidade fundamental a ser desenvolvida é a de **interromper o processo negativo.** Mesmo em circunstâncias desafiadoras, você pode encontrar pelo menos uma razão positiva para enfrentar qualquer situação. **Vibre positivamente para neutralizar a negatividade.** No estado mental neutro você pensa de maneira mais clara.

Há mil e uma opções de atividades para quebrar o seu padrão negativo: respirar fundo, assistir a um belo pôr do sol, dançar, dar um abraço, meditar, praticar exercícios físicos, ir ao cinema, relaxar, ouvir o canto dos pássaros, tomar um banho morno, filosofar, fazer uma massagem, aprender algo novo, ouvir sua música preferida, passear, ter uma conversa construtiva, viajar, tomar um banho de mar, brincar com crianças, ler um bom livro, praticar yoga, caminhar, agradar o seu animal de estimação, contemplar a natureza, perdoar, cochilar, ligar para um amigo, ou simplesmente amar. **Faça qualquer atividade que levante o seu astral.**

Somente você é responsável por si mesmo. Ninguém mais pode responder por seus deveres quando o ajuste final chegar. O seu trabalho no mundo – na esfera onde o seu karma, sua própria atividade passada, colocou você – pode ser realizado somente por uma pessoa: você mesmo. E o seu trabalho pode ser denominado um "sucesso" somente quando, de alguma maneira, servir aos seus semelhantes.

Paramahansa Yogananda

Escolha ser feliz. E se um dia não estiver, pergunte-se o motivo. Procure a causa do seu sofrimento e transforme o descontentamento em compreensão. Assim você poderá mudar a forma como vê a vida. A razão pela qual você está aqui neste planeta, nesta época, neste corpo é descobrir por que você veio. Enfrente os medos, os desafios e as dúvidas, eles fazem parte do seu processo de evolução. Eles indicam as suas lições de vida. Para alcançar a iluminação, conheça-se profundamente: estude a sua natureza, a sua personalidade, o seu corpo físico, o seu mapa astral, a sua árvore genealógica, faça um levantamento de tudo o que diz respeito a si mesmo. Ao analisar quem você realmente é, mantenha-se firme para eliminar suas fraquezas e enfatizar as suas qualidades, transformando-se no melhor que pode ser.

Um segredo para o progresso é a autoanálise. A introspecção é um espelho no qual se vê os recônditos da mente que, de outra forma, permaneceriam ocultos. Faça o diagnóstico de suas falhas e separe as suas boas e más tendências. Analise o que você é, o que deseja tornar-se e quais são as fraquezas que estão obstruindo o seu progresso.

Paramahansa Yogananda

Torne-se responsável pelas suas ações. Você tem aproximadamente 60 mil pensamentos a cada dia da sua vida. Lembre-se de que esses pensamentos são seus. Ninguém pode controlar a maneira como você pensa ou sente, a menos que você permita. Você sempre terá a opção de escolher entre pensar de forma positiva ou negativa. Aceite os seus sentimentos e a realidade de que você pode controlá-los. **Você tem o poder de mudar o seu padrão de pensamento.**

Para criar uma realidade ideal é importante exercitar a autoaceitação. Você não pode criar algo que você não é. Pode até tentar recitar mantras, decorar frases positivas, contar que medita, fingir que os ensinamentos fazem sentido, porém se eles não refletirem a profundidade verdadeira dos seus sentimentos se tornarão inúteis. É o caso da pessoa que lê, estuda, tem a intenção de melhor, no entanto – por falta de consciência ou determinação – não coloca o conhecimento em prática. Ainda não desenvolveu o discernimento para analisar como realmente age na vida real e acaba sendo constantemente assombrada por uma sensação de empenho sem resultado. **A autoaceitação é uma forma de amor. E o amor é o impulsor das mudanças positivas na sua vida.** Se você se conhecer, se aceitar e se amar exatamente como é, viverá a sua mais pura verdade, atraindo circunstâncias e pessoas que refletirão o seu amor-próprio. Sinta a sua energia, reconheça os seus sentimentos. Sinta quanto estar vivo é valioso. Sinta quanto você é vitorioso, com todas as suas lutas e todos os seus desafios. Você é perfeito, qualquer possível falha que veja é mera ilusão.

É preciso tempo para dominar a arte de pensar positivamente. Assim como qualquer outra habilidade, requer prática e determinação. Se você tem um conflito com algum familiar, sinta-se grato por tê-lo como pai, mãe, irmã, irmão, essa relação traz uma lição a ser aprendida. Se você se envolveu em um acidente, sinta-se grato por ter sobrevivido. Se você repetiu de ano, sinta-se grato por ter mais uma oportunidade para aprender. Se você terminou um relacionamento, sinta-se grato por ter a oportunidade de se conhecer melhor, abraçando a sua liberdade. Se cancelaram o seu voo, agradeça por ter a possibilidade de pegar o próximo. Se alguém prometeu que ligaria, mas não ligou, outra pessoa adequada logo ligará. Se você perdeu o emprego, sinta-se grato por ter disponível um universo de infinitas possibilidades. Se você teve de se despedir de quem ama, agradeça a oportunidade de praticar o desapego, tornando-se uma pessoa mais forte. Há sempre uma solução. Há sempre uma saída. E, desde que você estipule um *mindset* elevador, praticando o pensamento positivo, haverá um sinal de felicidade à sua frente.

A enxurrada de emoções pode descontrolá-lo, torná-lo uma vítima, literalmente destruí-lo. Você deve manter as suas emoções sob o controle do discernimento do seu intelecto. Seja um mestre não um escravo das suas paixões. Você deve se entreter através de uma paixão, mas nunca se tornar passional. Administre uma emoção, não se torne emotivo. Tenha sentimentos, mas não se torne sentimental. Nunca deixe as suas emoções controlarem o seu intelecto. Sua mente deve controlar o seu coração. Você deve aprender a manifestar as suas profundas emoções de maneira discreta, com cautela. O seu intelecto deve sempre estar alerta em relação a direcionar suas emoções a canais apropriados. Esta é a maneira inteligente de viver.

Vedanta

O que consome a sua mente controla a sua vida. Mantenha suas emoções em equilíbrio. "Vigiai e orai" (trecho de Mateus 26:41). Com essa disposição leve, você não estará alimentando o caos da Terra, e sim demonstrando respeito por si próprio e pelos outros seres que dividem este paraíso com você.

Pessoas que se respeitam e são respeitadas praticam modéstia, simplicidade e humildade em todas as coisas. Elas não tentam impressionar os outros com as suas crenças ou realizações. O respeito é baseado no reconhecimento de que cada pessoa é importante independentemente da cor, credo, religião ou raça e que precisa ser tratada com dignidade.

Arcanjo Gabriel através de Marlene Swetlishoff

Para conhecer a sua missão é necessário antes se conhecer intimamente: todos os seus defeitos e as suas qualidades. Questione-se frequentemente: "Essa decisão me tornará feliz?". Busque a resposta no seu interior silencioso. Nossa missão não está nos outros, está diretamente ligada aos dons que exercemos naturalmente. Quanto mais próximos do nosso propósito de vida estivermos, mais contribuiremos com a unicidade universal.

ॐ

Purifique sua mente

Independentemente da base religiosa que temos, quando estamos na Índia vamos ao encontro do divino espiritual. O que motiva grande parte dos viajantes que escolhem esse destino é a união com a própria alma. Sobrevoar a cadeia do Himalaia[12] gera uma sensação de completude. Quem já o fez compreende a força e o magnetismo dessa estupenda cordilheira. Sua formação se iniciou há cerca de 38 milhões de anos e é, não apenas a maior cadeia de montanhas do planeta, como também a que tem as mais elevadas altitudes.

As montanhas estão associadas ao conhecimento por causa da altura. O elevado é diretamente conectado à sabedoria. Ao sentir a brisa do Himalaia pela primeira vez, uma mistura de êxtase e paz indescritível floresceram em mim. Foi a mágica de Rishikesh, uma cidade onde a paz fez morada. Dizem que a meditação nessa região leva à salvação. O vilarejo de milhares de anos é berço da yoga e da espiritualidade. Foi lá que me aprofundei nos ensinamentos do Vedanta, originado dos Vedas, primeiros registros de sabedoria da humanidade. Vedanta significa "a meta de todo o conhecimento", referindo-se ao estado de autorrealização. Criado antes de todas as doutrinas religiosas, tornou-se uma das bases filosóficas do hinduísmo, a primeira religião do mundo, que de certa forma deu origem a todas as outras. Nele há relatos sobre a diferença entre uma mente impura e uma mente pura, que é explicada pela seguinte analogia: gelo, água e vapor são a mesma substância química. Ainda assim, são muito diferentes

12 Hima quer dizer "neve" e alaia, "morada."

em suas propriedades. Dos três, o gelo é o que tem menos liberdade, porque mal se move; a água tem certa liberdade, pois pode facilmente fluir e se espalhar; mas o vapor é o mais livre de todos. Ele pode se espalhar em todas as direções e, além disso, por ser invisível, é também o mais sutil dos três e consegue chegar até onde nem o gelo, nem a água conseguem. Assim também é a mente humana.

Uma mente impura, não importa quão inteligente ela seja, tem muitas limitações. Não conhece nada além do domínio da percepção sensorial, ou seja, do que está além do mundo do tempo e do espaço. Não pode saber o que vai acontecer no momento seguinte ou o que aconteceu no passado distante. Verdades metafísicas, como o conhecimento da existência de Deus, estão além do seu alcance. Todavia, quando essa mesma mente é purificada – ou transformada pelas disciplinas físicas e espirituais elevadas – torna-se extraordinária e pode transcender as barreiras do mundo sensorial, alcançando a fronteira mais longínqua do mundo. Essa mente pode então vislumbrar o que está além do domínio dos sentidos. Ela torna-se onisciente e pode saber de todos os eventos do passado, do presente e do futuro. Um verdadeiro santo possui uma mente assim, pura. Ele sabe a verdade a respeito de Deus, da alma, da criação; conhece as chamadas verdades metafísicas. O hinduísmo, como as outras importantes religiões do mundo, baseia-se nessas verdades, que foram descobertas por sábios de mente pura.

Você ainda não concluiu que a solução não está em desenvolver o mundo, mas você mesmo. Você poderá encontrar paz e harmonia apenas através da purificação da sua própria personalidade. Quando você purificar a sua mente encontrará um mundo purificado. Essa é a lei da vida. O mundo é apenas um reflexo do que se passa na sua mente. Se a sua mente é boa, o mundo será bom. Se a sua mente é negativa, o mundo será negativo. Mude o padrão do seu pensamento e sentimentos da sua mente, assim o seu mundo mudará de forma positiva.

Vedanta

Todos que se dedicarem ao desenvolvimento obterão resultados satisfatórios e, consequentemente, os esperados superpoderes – que nada mais são do que a própria sensibilidade humana superdesenvolvida. Por isso vale a pena investir no silêncio, no controle das emoções, no equilíbrio entre corpo, mente e espírito, bem como nas leituras positivas, que nutrirão em você sentimentos elevados. O Vedanta nos ensina que nossa verdadeira natureza é divina. Deus é nosso mais íntimo ser, uma realidade subjacente a tudo o que existe. A verdade é universal e a religião é a busca de Deus dentro de nós. O Vedanta não nos pede que abandonemos a razão, ao contrário, encoraja uma abordagem científica e racional da religião. Reconhece todas as religiões do mundo como verdadeiras e aceita os ensinamentos de todos os grandes profetas, mestres e encarnações divinas. A sua ética reconhece a unidade espiritual de todos os seres, leva paz e harmonia ao mundo religioso e filosófico, promovendo a tolerância e a cooperação entre todos os seres.

O que a humanidade precisa hoje é de mais sabedoria para viver. Dela vem a capacidade de manter a calma e o silêncio interior. Veja e ouça. Não é preciso nada além disso. Manter a calma, olhando e ouvindo, ativa a inteligência que existe dentro de você. Deixe que a calma interior oriente suas palavras e ações.

Eckhart Tolle, em O poder do silêncio.

A inteligência verdadeira atua de forma silenciosa. Os sentimentos positivos de paz, respeito, compreensão, aceitação, compaixão e amor incondicional só entrarão na sua vida quando você atingir uma dimensão de consciência livre de julgamentos e condicionamentos nocivos. Desenvolver essa consciência mais profunda[13] é viver o seu ser de forma plena, exercitando a presença e a percepção limpa de influências negativas externas. Não leve os seus pensamentos tão a sério. Todas as vezes que tiver o impulso de pensar algo negativo, imediatamente traga para a sua mente uma imagem alegre, a lembrança de alguém que você ama ou de algum acontecimento marcante da sua história. Pensamentos compulsivos o impedirão de viver em equilíbrio. Respire fundo, volte para o momento presente e entre no seu estado calmo, assim se tornará mais criativo e completo, encontrando soluções para quaisquer desafios.

Quaisquer que sejam as condições que eu tenha que enfrentar, sei que elas representam o próximo degrau na minha evolução. Aceitarei de bom grado todos os desafios, porque sei que dentro de mim estão a inteligência para compreender, o amor para aceitar e o poder para superar.

Paramahansa Yogananda

Quando você desenvolver a habilidade de entrar no seu espaço de calma, será capaz de se conectar a uma expe-

[13] Ou seja, a consciência Crística de Cristo ou da natureza de Buda, o Iluminado.

riência intensificada de felicidade. Para obter o poder da serenidade basta, em primeiro lugar, **estar consciente do momento presente.** Tudo que você precisa é ter a sua mente no aqui e agora. Os acontecimentos trarão oportunidades positivas ou negativas. Se você observar o que cada momento está tentando lhe dizer, saberá exatamente o que fazer. A mensagem clara de que tudo está bem virá da sua sensação de serenidade, completude e expansão. Deixe todo o resto de lado. Viva inteiramente agora.

Existe algo de sagrado em tudo que você percebe quando se concentra no presente. Quanto mais você viver no agora, mais vai sentir a simples e profunda alegria de ser e do caráter sagrado da vida.

Eckhart Tolle, em O poder do silêncio.

Em segundo lugar, **avalie frequentemente os seus sentimentos.** Analise se você se sente feliz, irritado ou decepcionado. Observe essas emoções diretamente, de maneira neutra. Todos temos sentimentos negativos de vez em quando. Não piore a situação se irritando por ter esse tipo de emoção, mas transmute o canal antes que a negatividade atinja as suas ações. Convide-se a se conectar com a sua versão equilibrada, para encontrar um estado mais feliz. Assim perceberá melhor o que realmente aprecia na sua vida, acalmando-se e elevando a sua frequência energética.

Da próxima vez que sentir uma turbulência emocional, desvie imediatamente a sua atenção para as sensações corporais e faça uma escolha consciente para parar de interpretar a experiência emocional. Quando tiver concentrado a sua atenção nas sensações corporais que acompanham uma emoção, você terá parado de fazer todas as interpretações possíveis, e, sua mente, ficará quieta. Com isso, ela acabará se tornando a testemunha silenciosa das sensações em seu corpo. Dessa forma, você não apenas interromperá o seu diálogo interno, como também começará a dissipar a energia da turbulência emocional.

Deepak Chopra, em Torne-se mais jovem, viva por mais tempo.

Em terceiro lugar, **ao se tornar empático ou sensível, tome conhecimento imediato disso.** Encontrar a sua calma requer uma contínua autoavaliação, uma observação constante do falatório da mente e dos sentimentos. Algumas vezes, os pensamentos e as emoções que você experiencia não lhe pertencem. Crie o hábito da autoinvestigação para determinar quanto do seu humor ou pensamento negativo foi influenciado pelos outros. Assuma a responsabilidade somente pelas suas emoções. Estabeleça limites saudáveis em relação a quanto os outros influenciarão a sua vida. Na maioria das vezes o problema é do outro, não seu.

Em quarto lugar, **tranquilize-se.** A vida está se tornando exponencialmente mais rápida. Mesmo pequenas porções de informação podem desencadear uma avalanche de processamento em seu interior – com ou sem a sua consciência. Encontre a sua calma, reconhecendo a necessidade de se tranquilizar, compreendendo que muito mais do que possa possivelmente imaginar está se revelando fora de sua consciência imediata. Permita isso. Tenha momentos de pausa para simplesmente estar em silêncio, desligando-se do turbilhão de informações e acontecimentos ao seu redor.

Em quinto lugar, **decida como reagirá.** Estar em guerra com prazos ou obrigações familiares desencadeará um grande alerta em seu sistema nervoso. Reações de luta ou fuga podem lhe tirar a calma. Trate cada situação com leveza e carinho. Pergunte-se: "Esta ação que estou prestes a realizar é para o meu bem maior?". Se não for a melhor opção para você, encontre outra alternativa. Lembre-se de que você é o agente da mudança. Na essência do seu ser, você é calmo e o seu estado natural é de felicidade plena.

ॐ

Aprimore sua conduta

Os Yoga Sutras, texto clássico escrito há milhares de anos pelo filósofo Patañjali, é considerado a codificação mais importante da yoga. Segundo ele, o aprimoramento pessoal deve ter início por meio de uma conduta moral e ética impecável. É disto que se refere yama[14], um código de comportamento social, de disciplina e de autodomínio

> *AHIMSA* – **não violência:** *Ahimsa* é o respeito incondicional a toda manifestação de vida, inclusive a nós mesmos. A não violência de forma ampla, excluindo não só a agressão física, como também a agressividade manifestada em palavras e pensamentos e em emoções negativas ou violentas. Gandhi foi um dos maiores mensageiros da não violência e certamente a principal personalidade na luta pela independência da Índia. Um longo jejum foi sua arma de resistência pacífica à domi-

[14] Em sânscrito "morte". Significa morte dos padrões nocivos de comportamento.

nação do império britânico. O fato comoveu o mundo e obrigou os ingleses a dar a independência aos indianos. Os ideais de Gandhi foram imortalizados e prosseguem levando as sementes da não violência às mentes, às palavras e às ações em todas as partes do planeta.

SATYA – **veracidade**: enquanto *ahimsa* se baseia essencialmente no amor, *satya* está diretamente ligada à verdade. Não apenas a abstenção da mentira, mas sim uma perfeita coerência entre pensamentos, palavras e atos com os outros e consigo mesmo. Quando nos comprometemos com a verdade, ocupamos os nossos pensamentos com o que é essencial. A verdade sempre está alicerçada no bem.

ASTEYA – **não roubar**: mais do que não roubar no sentido de furtar algo material, *asteya* está relacionado a não invejar o que é dos outros e não se apropriar de ideias que não sejam suas. Traz também um dos principais ensinamentos espirituais, o desapego. Precisamos de pouco para viver bem.

BRAHMACHARYA – **domínio do impulso sexual.** Este *yama* traz o princípio da moderação, que vai da alimentação ao sexo e ao uso adequado do dinheiro.

APARIGRAHA – **não possessividade**: o abandono do sentimento de posse, ciúme, apego e da ânsia desenfreada da obtenção de bens materiais.

Quando desaceleramos e dançamos suavemente a música da vida, os relacionamentos mudam. Conseguimos acalmar a cobrança e serenar as exigências em relação às pessoas. Permitimos ser o que somos e também aceitamos os limites dos outros. Aceitação torna a face mais bonita, o corpo mais relaxado. Traz harmonia a todos ao redor, aquietando a atmosfera.

Trecho do livro A paz de todo dia.

Enquanto *yama* é a base moral e ética da yoga, *nyiama* é a conduta disciplinar. Está relacionada às ações mentais positivas que devemos incluir na nossa vida. Pureza, alegria, austeridade, autoestudo e autoentrega são as qualidades de um yogue.

SAUCHA – **pureza**: *Saucha* está relacionada com a pureza física, emocional e mental. Pureza física: alimentação saudável, prática de yoga ou outra atividade física. Pureza mental: meditação diária, análise sincera dos seus pensamentos e atos. Pureza emocional: bom humor e coração repleto de bons sentimentos.

SANTOCHA – **contentamento**: é uma alegria interna independente de estímulos externos, é aceitar com serenidade os acontecimentos da vida. Está diretamente ligado ao desenvolvimento de pensamentos harmoniosos. Se não pudermos estar sempre alegres, procuremos estar sempre em paz.

Pessoas contentes são poderosas, elas superam as adversidades tão facilmente como transitar por um caminho livre e direto. Para elas, os problemas são um meio para crescer. Elas experimentam cada problema como algo familiar, como se já tivessem vivenciado e ultrapassado aquilo anteriormente. [...] Elas são capazes de transformar desculpas em soluções imediatas.

Brahma Kumaris

TAPAS – **perseverança:** é a força de vontade firme e resoluta para alcançar um objetivo. É não desistir diante de uma situação difícil, de uma privação complicada ou de uma barreira que pareça ultrapassar nossos limites. Segundo Patañjali, se tapas for executado corretamente, purifica e fortalece o corpo, aguça os sentidos e conduz à perfeição.

SVADHYAYA – **estudo:** é a busca pelo autoconhecimento por meio da meditação e da análise sincera das atitudes. As escrituras sagradas são instrumentos preciosos para esse autoconhecimento, que ampliam os horizontes, auxiliando no fortalecimento pessoal e espiritual.

ISHIVARA PRANIDHANA – **entrega ao absoluto:** manter a fé que ultrapassa barreiras.

Você vive hoje uma vida que gostaria de viver por toda a eternidade?

Friedrich Nietzsche

capítulo 7

Energize-se e ganhe poder pessoal

Para atrair prosperidade e pessoas positivas você deve estar bem consigo mesmo. Esse é o propósito do desenvolvimento pessoal: viver em estado de equilíbrio pleno, em harmonia consigo mesmo e com os demais. Assim o Universo responde em abundância. Você é o criador da sua realidade e pode ser plenamente feliz, acredite! A positividade e a esperança o levarão a experimentar a realização de todos os seus sonhos.

Quando você está positivo em si mesmo e convicto da sua fé, os caminhos simplesmente se abrem. Você se torna apto para experienciar a sua perfeição divina ao analisar, aceitar e curar as suas imperfeições humanas. Quanto mais você exercitar a auto-observação, mais avançará no processo de autoconhecimento. Essa sequência vai evoluindo até que a análise de si mesmo se torne natural como respirar. Quando você se tornar um ser humano consciente nenhum esforço será mais necessário.

Bloqueie pensamentos negativos do tipo: "Minha vida é assim porque não tenho sorte. Não sou uma pessoa realizada porque não nasci na cidade ideal, não tive a família perfeita ou as oportunidades certas para chegar aonde gostaria.". Algumas pessoas tendem a criar desculpas para fugir da própria responsabilidade. Não é a condição do seu país que define o seu status, nem a situação da sua família ou a cidade em que nasceu que delimitam aonde você chegará. O que determina a sua situação é a sua vibração individual de energia, que está sendo captada e prontamente respondida na mesma equivalência. O que está convidando o fracasso ou a vitória para a sua vida é o seu livre-arbítrio; o sim ou o não que você diz para qualquer situação que surge. O poder divino ocorre na vida de todos, o que muda é a abertura de cada um a essa energia. Os que não vivem procurando desculpas para o insucesso são os que colhem os melhores frutos, pois estão trabalhando para que aconteça o que eles querem. Eles colocam toda a sua energia no seu objetivo maior e não no que não querem ser ou ter. Esse é o segredo! Não há nada de errado com você, exceto a forma com a qual está vibrando. Não há nada que você precise mudar a não ser a sua energia. Coloque-se em uma sintonia que possibilite as mudanças que almeja. Para que isso ocorra você terá de encarar a si mesmo, transformando a maneira como pensa, sente, acredita e age. Ser plenamente feliz requer disciplina e determinação. Você quer viver o que deseja? Então ouse mudar a sua vibração de energia. Com isso virá a sensação de satisfação e felicidade.

Pelo contentamento, suprema felicidade é adquirida.
Os sutras do yoga de Patañjali, *II – 42, por Siri Swami Satchidamanda*

Escolha com sabedoria as atividades e as pessoas nas quais você concentrará sua energia, sua alma e seu coração. Este é um momento para ver a vida com uma nova perspectiva, propício para inovar. Há um grande potencial para desenvolver habilidades artísticas e curadoras. Apenas sinta

e seja. Crie tempo para si mesmo, investindo nas atividades que realmente despertem a sua alegria. Dessa forma estará acessando uma sabedoria antiga dentro de você e é nesse estado absoluto que mais apreciará a paz interna, tornando-se mestre da sua mente e irradiando plenamente a sua luz.

A sabedoria é o melhor guia e a fé a melhor companheira. Deve-se pois, fugir das trevas, da ignorância e do sofrimento, deve-se procurar a luz da iluminação.

Buda

ॐ

Conecte-se com a música

A música tem natureza divina, é a linguagem mais sublime que espírito pode expressar. Seus elementos e seus acordes encantam a alma, elevando-a acima da sua primária condição. Ela exprime a mais alta filosofia numa linguagem que a razão não compreende. A música nos inspira e nos leva a um nível emocional elevado que sozinhos não atingiríamos.

As manifestações musicais começaram com gritos e imitação de sons provenientes da natureza. Depois começamos a aprimorar o controle da altura, a intensidade e o timbre da voz. Há cerca de quarenta mil anos, quando a linguagem falada e o canto foram desenvolvidos, surgiram também os primeiros instrumentos musicais feitos de ossos, madeira e pedra – tambores, flautas, xilofones. Há cinco mil anos vieram os instrumentos de cobre e bronze, permitindo uma execução mais sofisticada. Se você prestar atenção no olhar, nos gestos, na pronúncia expressiva das palavras de uma música interpretada ao vivo notará que os músicos realmente tocam com a alma. Essa conexão é a felicidade.

A música da alma pode ser ouvida pelo Universo.
Lao Tzu

Tenho incontáveis lembranças das minhas apresentações como DJ ao redor do mundo. São tantos momentos marcantes que é quase impossível citar apenas alguns. Sinto-me grata por ter me apresentado no único *club*[15] debaixo d´água, na Ásia, por ter "esquentado" a estação de esqui Courchevel na noite mais fria do inverno francês, animado o maior carnaval do mundo e tocado para milhões de espectadores ao vivo e pela televisão. Inúmeros festivais, desfiles, eventos artísticos, coorporativos, equestres, náuticos, lançamentos de revistas, inaugurações, festas e celebrações marcaram a minha jornada profissional. De cima do palco estou a serviço da felicidade e, com uma visão periférica abrangente, observo não apenas a fisionomia, mas principalmente o estado de espírito de cada pessoa presente. Um *set* de duas horas deve ser uma história perfeita, contada com alegria do início ao fim. As pessoas saem para celebrar, relaxar, dançar, interagir e a música deve gerar um movimento de descontração. É uma grande responsabilidade para um músico. A transmissão de energia positiva entre uma DJ e o público é indescritível. A música é a linguagem do amor e uma ponte para o eterno. É a expressão da verdade que toca profundamente o ser, elevando o espírito. Por isso toco

---

15 Dance club, local reservado para a realização de eventos de música eletrônica.

o que toca o meu coração, que nos melhores momentos da vida bate em aproximadamente 124BPM[16].

E, o mais extraordinário é que há bilhões de pessoas extremamente talentosas tornando o mundo mais interessante por meio de sua arte. Absolutamente todo ser humano nasce com dons especiais. Se você tem uma ínfima vontade de desenvolver qualquer aptidão, vale a pena segui-la, pois isso o aproximará ainda mais da felicidade. O tempo investido no seu desenvolvimento artístico lhe trará frutos imensuráveis.

ॐ

Pratique o perdão

Perdoar não significa esquecer o que aconteceu, e sim não sofrer pelo o que já passou. É dar continuidade à vida em vez de viver no passado. Perdoar é conceder uma nova chance, realizar o que foi proposto de modo diferente e adequado; trata-se de não fazer exatamente as mesmas coisas, dando-se novas oportunidades para vivenciar experiências semelhantes, porém com mais chance de êxito. Significa olhar para o próprio erro, compreendendo o sentimento e a intenção alheia. O tempo e o ritmo do outro são diferentes dos nossos. **Perdoar é respeitar o próximo, aceitando as coisas como são.**

Errar é humano, mas também é humano perdoar.
Perdoar é próprio de almas generosas.

Platão

[16] *Beats per minute*, batidas por minuto. 124 é a batida do estilo *Deep House*.

Nas situações de dificuldade é que geralmente nasce a necessidade de perdão. O ideal é que consigamos sempre – em qualquer circunstância – moderar nossas emoções, nossos sentimentos e nossas atitudes. O perdão verdadeiro só virá depois que o coração e a mente estiverem puros de quaisquer sentimentos negativos como raiva ou desejo de vingança. Só então a transformação se iniciará, levando seu espírito a uma verdadeira energização.

O primeiro a pedir desculpas é o mais corajoso. O primeiro a perdoar é o mais forte. E o primeiro a aceitar é o mais feliz.

Ditado popular

O perdão é tão grandioso que algumas pessoas só conseguem descansar em paz depois de pedi-lo ou concedê-lo. Sua falta produz grande desconforto, agonia e tristeza. Acredita-se que o desenvolvimento de problemas psíquicos e físicos pode estar ligado ao acúmulo de ressentimentos. Pelo perdão casais se reconciliam, amigos fazem as pazes, famílias se fortalecem, países assinam tratados de paz. A vida é preservada, edificada e se torna melhor através desse ato amoroso de reconciliação.

No questionar atitudes de amabilidade em relação aos felizes, compaixão ante os infelizes, deleite junto aos virtuosos e indiferença quanto aos perversos, à substância da mente conserva sua tranquilidade imperturbada.

Os sutras do yoga de Patañjali, *I – 33,*
por Siri Swami Satchidananda

Se não pudéssemos ser perdoados ou não tivéssemos a possibilidade de conceder o perdão, nossa vida ficaria limitada a um único acontecimento e guardaríamos para sempre um rancor desnecessário. Sem o perdão seria impossível nos recuperarmos, nós nos tornaríamos vítimas eternas das consequências de um único ato. Imagine o peso de viver eternamente com ódio de alguém. O perdão nos dá liberdade para ultrapassar o limite do conflito, para continuar evoluindo, seguindo com a nossa vida em paz.

O perdão é um catalisador que cria a ambiência necessária para uma nova partida, para um recomeço.

Martin Luther King

Pode ter ocorrido alguma situação na qual você se viu com muita dificuldade para perdoar, provavelmente devido à dor que sentiu em razão do que aconteceu. Quando o desejo de suspender ou recusar o perdão é experimentado, falta clareza nas suas percepções. A saída é procurar a tranquilidade do seu espaço interior, pedindo ajuda para os seres superiores que alimentam a sua fé. Deus, anjos e arcanjos estão presentes e disponíveis para nos auxiliar em um mundo acima do nosso, basta acreditar. **Um coração ligado a Deus realiza muito mais do que é possível imaginar.** Abra a alma e conte o que acontece com você. Esse ato genuíno de amor-próprio lhe trará alegrias, esperança e firmeza nos sentimentos. Exercite a sua fé.

Não lute mais.
Descanse.
Não dê força para seus inimigos.
Vença-os com o perdão.

Não cultive a impaciência.
Vença-a com a segurança.
Não delapide a paz dos outros.
Coopere com o silêncio.
Não se afaste do seu coração.
Una-se a si mesmo.
Não dê trelas aos problemas.
Vença-os com a luz interior.
Não coopere com as críticas.
Supere-as com seu desprezo.
Não se deixe vitimar.
Assuma sua liberdade de escolha.
O bem é saber
que o único meio de vencer
é usar a inteligência com compaixão.
Por isso não lute mais.
Descanse.

Luiz Gasparetto, em
Concerto para uma alma só.

O equilíbrio interior está diretamente ligado à paz de espírito. Uma pessoa com a consciência limpa não tem motivos para temer, vive sem preocupações. A consciência é a verdadeira voz da alma, é como você realmente é. Em uma situação de desafeto, ter consciência do seu papel no conflito é essencial. O ato de pedir perdão deve ser consciente, você deve saber do que se arrepende. **Mais importante do que ser perdoado é se perdoar.** Essa condição nos liberta da culpa e do ressentimento.

Hoje eu me perdoo, encarando a minha verdade.
Eu me perdoo por não reconhecer o propósito de
cada fato da minha vida.

Eu me perdoo por todas as minhas dúvidas e ilusões.
Eu me perdoo por todas as dores vivenciadas.
Eu me perdoo por não ouvir a voz do meu coração.
Eu me perdoo por todas as carências
que eu mesmo criei.
Eu me perdoo por todos os sentimentos
que não exprimi.
Eu me perdoo por todos os gestos que não expressei.
Eu me perdoo por tudo que deixei de realizar.
Eu me perdoo pelo tempo desperdiçado
desnecessariamente para nutrir
carências e inseguranças.
Eu me perdoo por todos os sonhos que
deixei de transformar em realidade.
Eu me perdoo por tudo que podia realizar e não fiz.
Eu me perdoo pela falsa segurança que
demonstrei em mim e na vida.
Eu me perdoo por escolher a comodidade, deixando de
aceitar desafios.
Eu me perdoo pelas manifestações de raiva,
medo e dor.
Eu me perdoo por não aceitar o retorno dos eventos
que eu mesmo plantei no passado. Eu me perdoo por
toda intolerância manifestada com tudo que não se
identificava com o meu pensamento.
Eu me perdoo pela expressão da
minha falsa modéstia.
Eu me perdoo pelos discursos que não refletiam a
verdade do meu ser.
Eu me perdoo pelas muitas palavras ditas que não
continham os sentimentos que deveria expressar.

Eu me perdoo agora, pelo desperdício de uma grande parcela da minha vida vivenciando a ilusão.
Eu me perdoo, eu me perdoo, eu me perdoo.
Hoje eu preciso acreditar que a verdade é o melhor caminho, que tenho muito a aprender e a concretizar.
A partir de hoje eu viverei em estado de amor, e acreditarei que mereço e sou capaz de ser feliz.

Para estar de bem com a sua consciência o ideal é promover a reconciliação, deixando de lado o orgulho, para que ele não interfira nessa atitude construtiva. O estadunidense Fred Luskin, autor do livro *O poder do perdão*, sugere alguns passos para facilitar o ato de perdoar:

- Saiba exatamente como você se sente sobre o que aconteceu e seja capaz de expressar o que há de errado na situação. Compartilhe essa experiência com pessoas de confiança.
- Não espere pedidos de desculpa dos outros nem da vida. Faça o que for preciso para se sentir melhor. **O ato de perdoar é para você e para ninguém mais.**
- **O perdão é um poder pessoal.** Perdoar não significa necessariamente se reconciliar com a pessoa que o feriu, nem se tornar cúmplice dela. **O que você deve buscar é a sua paz.**
- Lembre-se de que uma vida bem vivida é o seu melhor troco. Em vez de se concentrar nas suas mágoas – o que daria poder à pessoa que o magoou – concentre suas energias na busca do amor e da bondade ao seu redor.
- Modifique a sua história de ressentimento, lembre-se de que **perdoar é uma escolha heroica.**

Não deixe de perdoar os seus inimigos,
nada os aborrece tanto.

Oscar Wilde

ॐ

Despeça-se da raiva

A raiva geralmente é derivada da interpretação que fazemos de algo que não aconteceu como esperávamos. Nós processamos os estímulos que recebemos e nos sentimos contrariados quando as coisas não saem como gostaríamos. Logo, a raiva está dentro de nós e não fora. Quando alguém nos agride, verbal ou fisicamente, e não mostra arrependimento, o sentimento negativo nos fere internamente, todavia não fere o agressor. Geralmente ele não se importa, pois não tem sensibilidade para admitir os seus erros e acredita inalteravelmente que não precisa se desculpar. Não possui uma base psicológica ou emocional para resolver conflitos. Quem sente raiva do outro tem raiva dentro de si. Como diz o ditado, é tomar veneno esperando que o outro morra.

Aprendi através da experiência amarga a suprema lição: controlar minha ira e torná-la como o calor que é convertido em energia. Nossa ira controlada pode ser convertida em uma força capaz de mover o mundo.

Mahatma Gandhi

A raiva pode ser uma demonstração emocional intimidante, principalmente para os que são energeticamente sensíveis e trabalharam arduamente para encontrar seu equilíbrio e se manter afastados das energias que consideram difíceis. No entanto, ela é uma demonstração esfumaçada para disfarçar o medo. **Quanto mais raiva uma pessoa tem, mais apavorada e ferida ela está.** Quando você entender isso verdadeiramente, conseguirá enfrentar os momentos de raiva com compaixão, o que não apenas apoiará sua clareza energética, como também permitirá que você dilua a situação com amor e compreensão.

O ódio nunca é vencido pelo ódio, mas pelo amor.

Mahatma Gandhi

Enquanto pensamentos de mágoas forem alimentados na sua mente, o ódio não desaparecerá. Guardar raiva é como segurar um carvão em brasa com a intenção de atirá-lo em alguém; na verdade o atirador é que se queima. Um ser descontrolado que responde a tudo de maneira agressiva vive tão distante da paz que nem vislumbra a possibilidade de uma vida harmoniosa. Simplesmente ignora a existência de um estado de equilíbrio. Então, culpa o *karma*, diz que não tem sorte e inveja as pessoas felizes. Acha que esbravejar, julgar, reclamar, falar mal, viver em estado de eterno conflito é normal. Em geral não toma conhecimento dos próprios erros, a culpa é sempre do outro, da mãe, do marido, do chefe, da irmã, da esposa, do vizinho, da amiga, do trânsito, da falta de dinheiro, da falta de sono, da falta de tempo. E geralmente as pessoas próximas são as mais afetadas, enquanto deveriam ser as mais respeitadas. Não há justificativa plausível para agressividade, seja física ou verbal. Por isso cabe a cada um escolher em qual direção a sua vida irá e, principalmente, quem participará dela.

Empreenderei todos os esforços para viver em paz com todos.

Romanos 12:18

Quando alguém lhe invoca um sentimento negativo é sinal de que há algo para você aprender sobre si mesmo. É uma boa oportunidade para se desenvolver mais, movendo-se além, para um espaço no qual você deve sentir mais amor ou nada em relação àquela pessoa. Os sentimentos ou pensamentos invocados têm algo a lhe ensinar sobre a sua jornada. Quando você não for mais afetado pelos acontecimentos, por palavras e ações das pessoas, saberá que concluiu o ciclo *kármico* e dominou a lição. Quando isso acontecer você estará pronto para avançar.

Algumas pessoas têm amor por você, outras têm raiva. O que sentem nem sempre depende de seu comportamento. As reações delas às vezes são justas, outras vezes são injustas. Dê sem contabilizar. E esteja atento às necessidades delas.

Dalai Lama

Os conflitos são inerentes ao processo de evolução dos seres humanos. **Desenvolva a compreensão em relação ao estágio de evolução de cada um.** O ideal de felicidade é viver em paz consigo mesmo e em harmonia com os seus semelhantes. É ter uma consciência tranquila, alheia a preocupações. É estar pleno para agir com naturalidade e leveza, trazendo alegria para o mundo ao seu redor.

ॐ

Compreenda a sua natureza

No livro *As sete leis espirituais do sucesso*, o médico, cientistia e autor indiano Deepak Chopra, inspirado nos conceitos hinduístas, prega a ideia de que o sucesso pessoal – o bem-estar do corpo, da mente e do espírito – não é resultado de um trabalho duro, planos precisos ou ambição desmedida, mas sim da compreensão da nossa natureza básica como seres humanos. Segundo Chopra, quando compreendermos esses preceitos e os aplicamos em nossa vida, tudo o que quisermos poderá ser criado, "porque o mesmo campo que a natureza utiliza para criar uma floresta, uma galáxia ou um corpo humano, também pode efetuar a realização dos nossos sonhos".

Veja a seguir, um pouco mais sobre as leis que ele menciona.

ॐ

Lei da potencialidade pura

Diariamente reserve algum tempo para ficar em silêncio, sintonizar-se com o seu espírito para apenas ser. ॐ **Pratique o** não julgamento. Comece cada dia com a afirmativa "hoje não julgarei nenhuma pessoa nem nada do que acontecer". Continue a se lembrar dessa afirmativa cada vez que se pegar emitindo julgamentos. ॐ Entre em comunhão com a natureza. Observe silenciosamente a inteligência inerente a tudo. Assista a um pôr do sol, ouça o barulho do mar ou simplesmente aprecie o perfume de uma flor. ॐ Domingo é o dia da Lei da potencialidade pura. O seu mantra é *Ohm Bhavam Namah*. Eu sou existência absoluta.

ॐ

Lei da doação – dar e receber

Dê um presente a cada pessoa que encontrar, seja um cumprimento, uma flor ou uma simples prece. Isso dará início ao processo de circulação da alegria e da fluência em sua vida e na dos outros. ॐ Receba com **gratidão** todas as dádivas que a vida lhe oferecer. Esteja aberto a receber, quer se trate de um presente material, de um cumprimento ou de uma prece de outrem. ॐ Em silêncio, deseje a cada pessoa que encontrar felicidade, alegria e risos. Por meio dos atos de dar e receber carinho, afeição, apreço e amor você manterá a **riqueza** circulando em sua vida. ॐ Segunda-feira é o dia da Lei da doação. O seu mantra é *Ohm Vardhanam Namah*. Eu usufruo positivamente do Universo e o Universo usufrui positivamente de mim.

ॐ

Lei do *karma* – causa e efeito

Seja testemunha das escolhas que faz a cada momento. A melhor forma de se preparar para qualquer momento do futuro é estar plenamente **consciente do presente.** ॐ Sempre que fizer uma escolha, pergunte a si mesmo duas coisas: "Quais são as consequências dessa escolha? O que estou fazendo trará felicidade para mim e para os que me cercam?". Peça orientação a seu coração, deixando-se guiar por sua **mensagem de conforto** ou desconforto. Se a sensação for confortável, prossiga com a escolha. Se for desconfortável, descarte a opção. ॐ Terça-feira é o dia da Lei do *karma.* O seu mantra é *Ohm Kriyam Namah.* Minhas ações estão alinhadas com a Lei universal.

ॐ

Lei do mínimo esforço

Aceite as pessoas, as circunstâncias e os acontecimentos do jeito que são. Diante de um desafio, lembre-se: este momento é como deveria ser porque o Universo inteiro é como deveria ser. É como é. ॐ Assuma a **responsabilidade** por sua situação, sem jogar a culpa em ninguém, nem em si mesmo ou em qualquer coisa. Cada problema é uma oportunidade de tomar posse do momento e transformá-lo em um benefício maior. ॐ **Abdique** da necessidade de defender seu ponto de vista. Na vulnerabilidade você se mantém aberto a todos eles sem se apegar rigidamente a nenhum em particular. ॐ Quarta-feira é o dia da Lei do **mínimo** esforço. O seu mantra é *Ohm Dhaksam Namah.* Minhas ações atingem benefício máximo com mínimo esforço.

ॐ

Lei da intenção e do desejo

Encontre um local silencioso, conecte-se com o seu poder interno e faça uma lista dos seus desejos. Examine-a diariamente, quando for dormir à noite e assim que acordar. ॐ **Liberte**

seus desejos no campo da potencialidade pura, confiando que ele cuidará de todos os detalhes para você. Lembre-se de que quando as coisas parecem contrárias aos seus desejos há uma razão para isso. ॐ Pratique a **consciência do momento presente** em todas as suas ações. Recuse-se a permitir que obstáculos tirem a sua atenção do momento presente. ॐ Quinta-feira é o dia da Lei da intenção e do desejo. O seu mantra é *Ohm Ritam Namah.* Minhas intenções e meus desejos são apoiados pelo Universo.

ॐ

Lei do desapego – distanciamento

Pratique o **envolvimento sem apego.** Fique alerta à oportunidade em cada problema, distanciando suas ideias de como as coisas deveriam ser. ॐ **Aceite a incerteza** como parte essencial de sua experiência. Em sua disposição de aceitar a incerteza surgirão espontaneamente as soluções. ॐ Conserve-se **aberto a todas as possibilidades** e desfrute cada momento da jornada de sua vida, toda a alegria, todo o mistério e toda a magia no campo da potencialidade pura. ॐ Sexta-feira é o dia da Lei do desapego. O seu mantra é *Ohm Anandham Namah.* Minhas ações são desapegadas de qualquer resultado final.

ॐ

Lei do *dharma* – propósito de vida

Alimente a divindade dentro de você, o espírito que anima seu corpo e sua mente, levando consigo nas experiências temporais a consciência do ser atemporal. ॐ Organize uma lista de seus **talentos exclusivos.** Depois relacione todas as coisas que gosta de fazer enquanto está expressando esses talentos. ॐ Pergunte a si mesmo todos os dias: "De que modo posso ajudar e **como posso servir?".** Essas respostas o ajudarão a servir com amor aos seus semelhantes. ॐ Sábado é o dia da Lei do *dharma.* O seu mantra é *Ohm Varunam Namah.* Minha vida está em harmonia com a lei cósmica.

ॐ

À medida que você evolui, o seu campo de energia se torna mais forte, expandido, influenciando e auxiliando as pessoas ao seu redor. O seu nível de serenidade se torna uma cura, pelo simples fato de ser. O melhor que você pode fazer pelo mundo é se desenvolver, tornando-se a sua versão paciente, benigna, neutra e compassiva. Não se preocupe com a vida alheia, as escolhas dos outros são dos outros, e cada um é responsável pela sua própria existência. Faça o seu melhor, para se tornar melhor, para tornar o mundo melhor. O equilíbrio é o caminho do meio. Um dia essas palavras lhe farão sentido, se já não fizeram. E neste dia será o seu despertar, para uma existência sem dor, medo, inseguranças e competições. Você será livre, leve e amoroso, como deve ser. Eu estou lhe guiando e, mesmo que não me veja, poderá sentir a minha energia meditativa. Essa é a cura búdica, pacífica, sem oscilações exacerbadas. Apenas é.

Siddhartha Gautama canalizado
por Bibba Pacheco

Desenvolva o controle emocional

Há uma crença incorreta em relação às emoções de que quando estamos nos sentindo pesados, zangados e liberamos a nossa raiva, ela se esgota. Quando o medo, a frustração ou quaisquer sentimentos negativos estão no nosso interior jamais desaparecerão apenas por serem externados, pelo contrário, eles crescerão. Por quê? Simplesmente porque vivemos em um mundo repleto de energia, caracterizada pelas emoções. Quando as expressamos, liberamos forças.

A energia não pode ser criada ou destruída, pode apenas ser alterada de uma forma para outra.
Albert Einstein

A energia não pode ser destruída, mas transmutada. Assim a melhor solução para uma possível miséria emocional não é a expressão descontrolada das nossas emoções negativas, mas a sua transmutação controlada. **Transmutar a energia emocional significa reciclá-la para uma nova direção.** Se você sentir raiva, empregue essa força destrutiva na canalização de algo construtivo, que lhe proporcione alegria. Dessa maneira você se tornará um ser emocionalmente livre.

Todos nós vivemos, respiramos e existimos em nossa atmosfera autocriada. É nossa responsabilidade manter a energia positiva ao nosso redor, para o nosso bem-estar e, principalmente, para inspirar a paz na Terra. As emoções são correntes de energia que não devem ser inibidas, mas expressas de forma saudável. A transmutação para uma frequência mais elevada inspirará sentimentos positivos. A

descoberta do controle emocional mudará a sua vida para sempre.

Pensamentos positivos são lentos, leves e conectam o pensador ao seu potencial pleno. Por outro lado, pensamentos negativos são velozes, repetitivos, exaustivos e provocam dúvidas. Portanto, uma pessoa tem o poder de fortalecer-se ou lançar-se num redemoinho de dúvidas simplesmente pelo que pensa. A mão pode ser usada para bater ou ajudar. A boca pode ser usada para partir um coração ou abençoar. Baseado nessas ações o ser humano recebe as respostas do mundo exterior. É essa escolha consciente do que criar e sustentar internamente que faz toda a diferença.

Brahma Kumaris

ॐ

Mantenha sua fé

A expansão da consciência é um caminho sem volta. Todos nós somos ministradores de energia, administramos e utilizamos os estímulos que recebemos. Todas as formas de expressão são maneiras de utilizarmos a carga energética que nos é dada diariamente, seja pensando, falando ou agindo. Quando bem-intencionados, influenciamos a humanidade por meio das nossas orações e pensamentos positivos, que nada mais são que transmissões de energia. Como tudo é composto de átomos em movimento, efetivamente afetaremos uns aos outros.

A oração feita por um justo pode muito em seus efeitos.

Tiago 5:16

Praticamente todas as religiões reservam algum momento para orações, mesmo que cada fiel se conecte com a sua manifestação divina do jeito que lhe convém. A ativação pode ser realizada por meio de uma simples conversa, de uma manifestação de gratidão, de uma meditação dirigida, de um ato de louvor ou da música, e pode acontecer de maneira comunitária ou individual, publicamente ou em particular. O que importa é o encantamento dos envolvidos e, principalmente, a fé que abrange o ato de orar. Nenhuma força negativa pode deter alguém que demonstra uma fé verdadeira. Há um segredo benéfico na oração daquele que verdadeiramente crê. **A boa intenção no coração vence qualquer mal. Quem quer o bem para o próximo o atrai para si mesmo.**

Por isso vos digo que tudo quanto em oração pedirdes, crede que recebestes, e assim será convosco.

Marcos, 11:24

A fé dá a qualquer um a capacidade de perseverar em seu foco até que seu objetivo final seja concretizado. **Quando você ativa consistentemente e persiste na sua crença, o que deseja manifestar se torna realidade. Esteja certo de que quando você realmente acredita, o que você pede lhe será dado.**

capítulo 8

Viver é a arte de criar alegria

Qualquer pessoa pode viver momentos duradouros de alegria. Lembre-se de que no seu interior há um manancial inesgotável de contentamento. Você nasceu com essa essência na sua máxima plenitude. Concentre-se no momento presente, assim estará automaticamente renovando esse sentimento. Aceite tudo o que a vida coloca no seu caminho, porque isso trará uma paz instantânea, instigando a sua satisfação. Não alimente centenas de desejos, eles o fazem andar em círculos, levando-o à decepção. Não se culpe pelos seus erros, aprenda com eles. Pratique a ação consciente: preste atenção no que você faz e em como você faz. Monitore seus pensamentos e seus sentimentos, principalmente quando lhe causarem sofrimento, e procure compreender o mecanismo que os gera. **Quando você se identificar como observador e se desligar dos jogos da sua mente, o sofrimento cessará.** Pratique ações positivas. Crie o hábito de perceber a grandiosidade que existe em tudo. Dê alegria aos outros, pois também é uma forma de atraí-la para si. Desenvolva uma prática espiritual. Ore. Isso traz paz.

A cura vem de dentro para fora. Toda mudança tem início dentro de nós mesmos, daí a importância de nos curarmos internamente de forma profunda e significativa. Quando limpamos o peso e a negatividade que rege a nossa vida, começamos a ver o mundo com outros olhos. **Quando resolvemos as questões internas pendentes, o que nos incomoda em nós mesmos, nos outros e no mundo desaparece.** Tornamo-nos seres equânimes invencíveis.

ॐ

Viva

Algumas pessoas têm determinadas crenças para diferentes épocas da vida delas. Acreditam que a diversão é para quando se é jovem. Contudo, esse é um preceito limitante, que atrasa a busca pela felicidade. Você pode viver plenamente, do começo ao fim, aqui e agora. Viva! Não deixe para depois o que pode ser realizado hoje. **A única regra que se aplica é aquela que você estabelece para si mesmo. Abra-se para as possibilidades infinitas.** Você pode criar a expressão de vida dos seus sonhos em qualquer idade. A hora é agora! Mantra: "Eu sou merecedor de tudo o que a vida tem a me oferecer. Escolho ser feliz agora".

ॐ

Experimente o novo

Manter uma rotina é confortável, porém são as experiências novas que nos fazem aprender e evoluir. Você está sendo solicitado a explorar um mundo novo fora da sua zona de conforto. Você pode criar novas maneiras de pensar, de falar, de agir e de ser. Este é o momento perfeito para se libertar.

Quando você decreta que estará disponível para experimentar e explorar, o mundo responde com oportunidades maravilhosas. Se você realmente quer atingir novos objetivos como mais saúde, uma vida mais calma, uma realidade mais feliz, um novo trabalho ou relacionamentos edificadores, experimente algo novo hoje. Mantra: "Estou preparado para experimentar novas maneiras de pensar, agir e ser, explorando o mundo com um novo olhar".

ॐ

Veja tudo sob uma perspectiva diferente

Se você sente o desejo de avançar para algo mais significativo, está preparado para evoluir. Concentre-se nos seus sentimentos. Recuse-se a ficar preso em uma situação que não o faça feliz ou que de alguma forma não apoie o seu crescimento. Sob a perspectiva do medo, nada é suficientemente seguro. Sob a perspectiva do amor, nada é necessário. **Não espere que alguém o salve. Você tem força e coragem suficientes para resolver a sua vida.** Expanda a consciência por meio do autoconhecimento, criando uma nova perspectiva para sua vida.

Equilíbrio é a habilidade de olhar para a vida a partir de uma perspectiva clara – fazendo a coisa certa no momento certo. Uma pessoa equilibrada será capaz de apreciar a beleza e o significado de cada situação seja ela adversa, seja favorável. Equilíbrio é a habilidade de aprender com a situação e de prosseguir com sentimentos positivos. É estar sempre alerta e totalmente focado, mantendo uma visão ampla. O equilíbrio vem do entendimento, da humildade e da tolerância. O mais elevado estado de equilíbrio é voar livre de tudo e, ainda assim, manter-se firmemente enraizado na realidade do mundo.

Brahma Kumaris

A perspectiva é a força que guia quem sonha com o sucesso. O mundo só tem sentido quando o nosso olhar lhe atribui identidade. Ganhos e danos são interpretações que dependem do ponto de vista de quem tece a história. A vida está aí para ser elaborada, eventualmente programada e conscientemente executada. Viver é se recriar. Lembre-se que há infinitas oportunidades disponíveis para o seu crescimento. Mantra: "Tudo está perfeito em minha jornada. Eu escolho conscientemente meus pensamentos, minhas palavras e minhas ações. Para ser plenamente feliz, decido ver o mundo através de uma perspectiva positiva".

ॐ

Não critique, não condene, não reclame

O estadunidense Dale Carnegie foi precursor dos livros de autoajuda. Sua obra mais popular, um grande best-seller publicado em 1937, é o famoso *Como fazer amigos e influenciar as pessoas*, que contém ensinamentos válidos ainda hoje para quem busca a felicidade. Nesse livro o autor diz: "Qualquer tolo pode criticar, condenar e reclamar, mas é preciso caráter e autocontrole para entender e perdoar". Há quem ache que existe um tipo de prazer distorcido em criticar, condenar e reclamar, no entanto esses comportamentos são limitantes. Mesmo que a pessoa esteja em uma posição de autoridade e acredite estar coberta de razão, ou que tenha a intenção de ensinar, nada justifica um comportamento opressivo. Mantra: "Eu escolho influenciar positivamente o mundo. Para isso não criticarei, não condenarei e não reclamarei. Praticarei incessantemente o não julgamento".

ॐ

Crie um mundo ideal

Em qual mundo você quer realizar os seus sonhos? Em uma terra sem leis, movida por injustiças? Ou em um ambiente glorioso repleto de harmonia e amor, no qual há prosperidade e progresso infinitos? A luta não é do bem contra o mal, e sim da sabedoria contra a ignorância. Esta precisa ser extinta, mas não com agressividade, pois isso seria uma bruta manifestação de incompreensão. A Terra não é um planeta coletivo onde todos elegem viver em uma mesma realidade, muito pelo contrário. Cada ser humano escolhe a existência que experimentará de acordo com a sua percepção. Os sentimentos que você nutre criam a sua realidade. Escolha o mundo no qual quer viver. Ao fazê-lo, viva nele e o dê plena atenção.

Que tamanho tem o Universo?
O Universo tem o tamanho do seu mundo.
Que tamanho tem o meu mundo?
Tem o tamanho dos seus sonhos.

Augusto Cury

Seu mundo perfeito deve estar presente em todos os seus pensamentos, seus sentimentos, suas palavras e suas ações. Sinta, creia e viva de acordo com as suas melhores intenções. "Falai de tal maneira e de tal maneira procedei" (Tiago 2:12). Só devemos pregar o que realmente vivemos. "Tu, pois, que ensinas a outrem, não te ensinas a ti mesmo?" (Romanos 2:21). Aquele que não se transformar de verdade não poderá provocar transformação positiva. Não há como criar um mundo harmonioso se suas emoções vivem descontroladas, se você está sempre se defendendo de tudo e de todos. Não há como viver em um ambiente sem violência se você mesmo gerar confusão, dor e discórdia. Trabalhe para aumentar o seu nível de energia, pois isso estipulará o tipo de mundo no qual você viverá. A crença do bem lhe confere consciência. Ao mudar a sua percepção negativa você automaticamente optará por viver uma realidade mais leve. Tente não resistir. **A mudança é inevitável, mas o caos é opcional.** Crie o seu mundo ideal. Onde você colocar a sua atenção estará dispondo o seu poder. Mantra: "Eu escolho me aperfeiçoar. Procurarei compreender melhor as minhas emoções para desenvolver a paz dentro de mim. Eu me esforçarei para ser na vida real o que prego na realidade virtual. As minhas atitudes refletirão o meu estado pacífico, influenciando positivamente o ambiente no qual vivo. Eu darei ao mundo o meu melhor.".

Se você quer transformar o mundo, experimente primeiro promover o seu aperfeiçoamento pessoal e realizar inovações no seu próprio interior. Essas atitudes se refletirão em mudanças positivas no seu ambiente familiar. Deste ponto em diante, as mudanças se expandirão em proporções cada vez maiores. Tudo o que fazemos produz efeito, causa algum impacto.

Dalai Lama

ॐ

Promova a verdade

Vale a pena se autoconhecer, ouvir a sua voz interior. Ao percebê-la você viverá de acordo com a sua verdade, tornando-se útil e necessário para o mundo. **Quanto mais você se aproximar da sua essência genuína, mais feliz se tornará.** Descubra suas habilidades e seus talentos. Realize atividades que promovam a sua personalidade. A verdade nem sempre é a escolha mais fácil ou conveniente, no entanto nunca fracassará em atingir o seu propósito. "Compre a verdade e não abra mão dela" (Provérbios 23:23). Quando você a evita, passa a colocar grande quantidade de esforços em tentativas que só resultarão em retrocessos e negatividade. Mentiras têm um preço alto de estresse e confusão mental. Use cada oportunidade da sua preciosa vida para se colocar ao lado da verdade. Ela o libertará para alcançar, expressar e realizar os seus sonhos. Mantra: "A partir de hoje farei o que é melhor para mim. Ouvirei os meus sentimentos. Serei verdadeiro comigo mesmo e com os outros".

ॐ

Afaste-se de influências negativas

Todo e qualquer estímulo pesado que possa afetar seu bem--estar e influenciar negativamente seu subconsciente deve ser evitado. Filmes, músicas, noticiários, conversas pesadas, assuntos destrutivos, fofocas. Já notou que algumas pessoas gostam de falar da vida alheia? Esse mau hábito demonstra desconexão consigo mesmo. Apenas o fato de estar próximo de quem faz intrigas já diminui o nível da energia do ouvinte, encolhendo a sua aura e pesando a sua vida. O mesmo procede quando você repete algo ruim que aconteceu, revivendo desnecessariamente os sentimentos negativos que aconteceram no passado. E quando escuta a desgraça alheia, automaticamente participa dela. **Não espere viver uma vida positiva se você se rodeia de influências negativas.**

A convivência pode ser um grande instrumento de elevação espiritual, porém inevitavelmente encontraremos pessoas tóxicas, com personalidades manipuladoras e egocêntricas. A maioria delas vive totalmente sem consciência. Seu estilo de vida infeliz as faz repugnar a felicidade alheia. Geralmente sabem tudo a respeito dos outros, mas não são capazes de administrar a própria vida. Pessoas tóxicas criam jogos mentais complexos para roubar o nosso estoque de energia positiva. Para isso falam sem parar. Sua perturbação é tamanha que se sentem desconfortáveis em ambientes silenciosos. Alguns casos chegam a ser caracterizados como síndrome do pensamento acelerado e precisam de tratamento especial. **Os seres humanos devem ser pensadores e não servos da confusão mental que alimenta o seu descontrole emocional.**

E não é difícil identificar uma pessoa tóxica. Sua conversa não tem nenhum fundamento elevado, baseia-se em julgar, comparar, criticar ou desqualificar os outros, de tal forma que a faça se sentir melhor em relação a si mesma. A pessoa tóxica discute, provoca conflitos, fala de assuntos infelizes e abomina aprender, já que acredita saber tudo. Esteja preparado psicologicamente quando circular por um ambiente dual, identificando prontamente quando uma pessoa tóxica se aproximar. Compreenda que mesmo que ela tente tirar a sua paz, você tem o poder de continuar equilibrado.

Atenção! Insistir na convivência com indivíduo de caráter duvidoso e atribulado lhe trará problemas. Manter distância de pessoas tóxicas não é crueldade, é um ato de amor-próprio. Na sua busca por um futuro melhor, não há espaço para convivências nocivas. **Se você realmente quer ser feliz preserve a sua paz.** Mantra: "Eu coloco a minha paz de espírito em primeiro lugar, afastando-me de tudo e de todos que a colocarem em risco. Enquanto desenvolvo o meu controle emocional, praticarei a imposição de limites saudáveis, desenvolvendo assim o amor-próprio, a paciência, a tolerância, a compreensão, a aceitação e o perdão".

ॐ

Imponha limites saudáveis

Os limites agem como critérios de admissão para as nossas relações, representando até onde estamos dispostos a ir e até onde o outro pode chegar. O ato de levantar barreiras nos traz liberdade; é expressão de independência que deve ser desfrutada em toda a sua plenitude.

A minha liberdade termina onde começa a dos outros.

Ditado popular

Os limites que você impõe podem ajudá-lo a administrar a sua energia, delimitado quem se conecta com você. Praticando esse ato conscientemente, você ajustará a sua capacidade de manifestar a realidade que escolheu ter. Alguma vez alguém já passou dos seus limites com você? Nossas relações são como uma mola: quanto mais você se encolhe, mais o outro se expande, e isso nem sempre é justo com você. Se uma pessoa não o respeita, passa dos limites, e você tolera a situação, chegará um momento em que você reagirá energicamente e culpará o outro por maltratá-lo. Todavia, pode ter sido você mesmo que não impôs os devidos limites. Um relacionamento abusivo é constituído por duas partes: o abusador e o abusado. Porém, se o suposto abusado impuser limites saudáveis, não haverá espaço para o papel de abusador. Cada um é responsável pela realidade que escolhe viver. Mesmo que alguém tente tirar a sua energia, você sempre terá o poder de manter o seu equilíbrio.

O ideal é manter uma comunicação adequada para compreenderem a sua vontade. Você deve deixar claro quais comportamentos não são aceitáveis e como você prefere que o outro aja ao seu redor. **Imponha limites para receber o respeito que espera dos outros.** Talvez isso não mude o comportamento alheio, porém vai preservar a estabilidade no seu convívio íntimo. Respeite as fronteiras impostas e honre os seus limites, assim você atrairá pessoas e situações adequadas para a sua felicidade. Mantra: "Viverei mais consciente em relação aos limites alheios e, principalmente, às barreiras que devo impor para construir relacionamentos saudáveis e duradouros".

ॐ

Concentre-se nas qualidades

Mesmo que seus talentos precisem ser refinados, eles são as suas habilidades, os seus pontos mais fortes. Você nasceu com qualidades infinitas que vão desde um coração bondoso, uma intenção pura, uma visão positiva, até quaisquer atividades nas quais você se destaque. Esqueça as suas pequenas deficiências, elas não são importantes. Quanto mais você se concentrar nas suas qualidades, mais poderosas elas se tornarão. Lembre-se de que onde estiver o seu foco, estará o seu estímulo.

Seja um padrão de qualidade. As pessoas não estão acostumadas a um ambiente onde o melhor é o esperado.

Steve Jobs

Caso perceba que está pensando mal a respeito de si mesmo, concentre-se nas suas qualidades, em suas conquistas e seus sucessos. Use afirmações positivas para elevar o seu espírito. Fale sobre si mesmo de forma amorosa. Nunca permita que ninguém o diminua, pois certamente o problema não se refere a você. Mantra: "Eu tenho infinitas qualidades. Posso ser quem eu quiser. Escolho estimular os meus talentos com energia positiva e pensamentos construtivos".

ॐ

Tenha coragem

A falta de coragem se torna um problema quando você nega a sua força interna, colocando o seu poder nas mãos dos outros. Essa atitude gera vários tipos de medo: da morte, da vida, da sociedade, da situação econômica, do chefe, de Deus – enfim, de tudo. A vida disponibiliza um leque infinito de possibilidades, mas o medo tira o prazer de explorar novos lugares, conhecer pessoas, buscar um emprego melhor ou convivências mais saudáveis. Por que continuar em um relacionamento desgastado? A insegurança do desconhecido infelizmente pode lhe tirar o ânimo necessário para tomar uma atitude de mudança para melhor. A imobilidade pode trazer insatisfações, impotência, doenças e infelicidade.

A coragem é a primeira das qualidades humanas porque garante todas as outras.

Aristóteles

Tenha coragem! É melhor enfrentar as situações se expondo ao novo do que viver uma realidade frustrada. Você merece ser plenamente realizado, explorando o seu potencial mais elevado. Você merece ser feliz.

Você nasceu para vencer, mas para ser um vencedor você precisa planejar para vencer, se preparar para vencer e esperar vencer.

Zig Ziglar

Os possíveis desafios surgem de forma semelhante para todos e, de certa forma, estimulam o progresso. Ser um vencedor significa focar o lado positivo das situações desafiadoras, pois ele fará com que você cresça. Quando você tem uma vida baseada em crenças elevadoras, reage com mais maturidade às circunstâncias. E quando o problema surgir, verá uma oportunidade para resolvê-lo e aprenderá com a situação.

A verdadeira medida de um homem não se vê na forma como se comporta em momentos de conforto e conveniência, mas em como se mantém em tempos de controvérsia e desafio.

Martin Luther King Jr.

Você é um vencedor, maior e muito mais forte que todos os desafios. Mantra: "Terei coragem diante de qualquer situação desafiadora. Eu sou muito maior e mais forte do que qualquer desafio. Tudo que acontece chega como uma oportunidade de crescimento para mim e, por isso, eu sou grato".

ॐ

Ache o ponto de equilíbrio

Apenas você pode encontrar a sua paz, pois é uma base íntima, única. Mantê-la deve ser um dos seus objetivos de vida. **O ponto de equilíbrio interior é a chave para que você mantenha a sua luz vibrante**, sustentando a energia do seu coração e impedindo que qualquer expressão de negatividade siga adiante. Você pode até utilizar essa base firme para auxiliar os outros a voltarem aos seus centros, mas no final, cabe a cada indivíduo descobrir a própria capacidade de se reajustar e fluir de modo adequado, em direção ao avanço contínuo da sua expressão mais pura de vida.

Aquele que é feliz espalha felicidade. Aquele que teima na infelicidade, que perde o equilíbrio, perde-se na vida.

Anne Frank

A característica mais marcante de um verdadeiro líder é seu equilíbrio emocional. Ele lida sabiamente com os diferentes estímulos do mundo exterior sem oscilar o humor ou perder o controle emocional. Quem é a sua referência de sucesso? Inspire-se em pessoas dignas e equilibradas. Procure se manter em um estado neutro constantemente, com a mente livre de pensamentos desanimadores. A estabilidade interna manterá a sua paz de espírito e garantirá a sua evolução pessoal. Nem tanto ao céu, nem tanto à terra. Ache o seu ponto de equilíbrio. Mantra: "Colocarei o meu foco no meu controle emocional, investindo em atividades físicas, leituras positivas, dietas saudáveis, palestras edificadoras, estudos profundos, meditações que me ensinem a cessar totalmente as minhas oscilações de humor. Eu estou próximo de me tornar um ser humano totalmente equilibrado e realizado".

ॐ

Escolha a simplicidade

As pessoas buscam satisfação em todas as áreas da vida. O caminho mais curto para obtê-la é o da simplicidade, um conceito que nos remete ao estado mais puro da realidade. Pode parecer difícil ser simples, mas o ato de descomplicar permite que a vida seja infinitamente mais feliz. Desapegar dos bens materiais, ver a vida com olhos amorosos, abrir mão de desejos repetitivos, das coisas que você quer, dos sonhos que idealizou e ainda não se concretizaram, das realizações que está acumulando, dos relacionamentos com pessoas que não correspondem ao seu amor, das trocas sem respeito. Quanto trabalho! Nada disso vale a pena. Simplicidade é ser direto e assertivo, buscando por uma coisa de cada vez. Mude sua vida simplificando suas atitudes. A partir de agora, ouça o seu coração, de forma prática e simples. Mantra: "A partir de hoje viverei de forma consciente e serei prático nas minhas escolhas. Descomplicarei tudo. Isso tornará a minha existência satisfatória. Eu escolho ser simples e feliz".

A simplicidade representa o último degrau da sabedoria.
Arthur Schopenhauer

ॐ

Seja cauteloso ao ajudar

Buda tinha um coração cheio de compaixão por todos os seres vivos. Embora se preocupasse com o sofrimento deles e desejasse ajudá-los, ele se mantinha centrado no seu próprio ser. Ao usar o seu tempo para auxiliar outras pessoas, você provavelmente absorve as suas energias densas e ainda pensa que pode lhes oferecer uma solução para os seus problemas. E por que você teria a solução? Como saber o que é melhor para a vida do outro, uma vez que cada um é responsável pela própria vida? Não há soluções fáceis para problemas difíceis.

Quando você deixar de se chatear pensando que os outros deveriam mudar e passar a se concentrar em sua própria mudança, as coisas boas vão começar a acontecer. Primeiro, você se sentirá melhor consigo mesmo. Segundo, você passará a ter pensamentos positivos em relação aos outros e passará a entendê-los melhor. Como consequência, os outros começam a ter uma atitude mais positiva em relação a você. É uma reação em cadeia, percebe? E a partir daí tudo flui de maneira muito mais positiva. Lembre-se: existem muitos benefícios ocultos na mudança pessoal.

Brahma Kumaris

Abandone o desejo de resolver tudo. Talvez você esteja ansioso para restabelecer a harmonia, para ver as pessoas mais leves ou apenas para receber a aprovação delas, no entanto essa não é uma obrigação sua. Equilibre-se. Não resolva o problema dos outros. Algumas vezes a necessidade de ajudar está relacionada com a sua insegurança, com a sensação de não ser suficientemente bom. O ego em desequilíbrio usa o altruísmo de forma indevida, acha que precisa ser útil e tem a necessidade de fazer a diferença. Será isso o que a sua alma realmente deseja para você? Provavelmente não. Porque ela está em paz consigo mesma, não precisa nem justificar a sua existência, nem provar nada a ninguém.

A felicidade é um problema individual. Aqui, nenhum conselho é válido. Cada um deve procurar, por si, tornar-se feliz.

Sigmund Freud

Tenha compaixão pelo desafio que o outro está passando, sinta empatia, mas não se envolva emocionalmente. Tenha confiança de que todos possuem a solução para os próprios problemas. Convencer-se da força que todos possuem lhe trará paz. Compreenda que não há muito o que você possa fazer. Você já é parte do todo. Quanto mais você se conectar com a sua natureza equilibrada, mais tranquilidade e serenidade irradiará. Isso já ajudará. Relaxe a aproveite a sua bela jornada. Mantra: "Eu tenho compaixão, compreensão e respeito pela existência alheia. Quanto mais eu investir no meu equilíbrio emocional, mais ajudarei o próximo, pois assim me tornarei uma base sólida de serenidade e esperança para todos".

ॐ

Reserve um tempo para curtir a vida

É importante ter um momento inteiramente para você. Tire um tempo livre para se encantar com as maravilhas de todos os dias. Celebre a vida! Comemore cada segundo de existência. Cuide de si mesmo. Aproveite para ingerir alimentos saudáveis que nutram seu corpo físico, bem como seu espírito. Beba água alcalina para equilibrar seu organismo, promovendo ainda mais saúde. Respire profundamente o ar puro e se maravilhe com toda a beleza que está ao seu redor, porque isso o estimulará positivamente. Festeje com aqueles que ama e crie uma energia elevada ao seu redor, cheia de risos e alegria.

A vida deveria ser uma celebração contínua, um festival de luzes por todo o ano. Somente então você pode se desenvolver, você pode florir. Transforme pequenas coisas em celebração... Tudo o que você faz deveria expressar a si próprio, deveria ter a sua

assinatura. Então a vida se torna
uma celebração contínua.
Osho

Lembre-se de honrar todas as coisas – grandes ou pequenas – da sua existência. Exalte quem você é! Observe a grandeza e o contentamento que esse pensamento construtivo criará na sua vida. Essa é a energia positiva criativa que o auxiliará a curar seu corpo, sua mente e seu coração. Ela o ajudará a ganhar foco, clareza e a ter o tipo de vivência que o preencherá de satisfação e prosperidade. Mantra: "Reservarei um tempo livre diariamente para investir em mim. Cuidarei mais do meu corpo e da minha mente, me dedicando mais às práticas físicas e espirituais. Criarei uma energia positiva ao meu redor, celebrando continuamente a minha existência".

ॐ

Desligue-se das expectativas

Aos poucos e no devido tempo, podemos aprender a nos desligar das expectativas, dos resultados finais e do apego de como as coisas deveriam ser. Expectativa é sinônimo de infelicidade. Distanciamento é ser neutro, exercitando a mente para se tornar um observador compassivo, percebendo com simplicidade como as coisas são naturalmente. Manter-se imparcial é importante visto que não há julgamento, não há rótulos e nada para colocar em uma caixa de limitação. Distanciamento permite que nós e a vida sejamos mais.

As pessoas não estão neste mundo para satisfazer às nossas expectativas, assim como não estamos aqui para satisfazer às delas. Temos que nos bastar e quando procuramos estar com alguém, temos que nos conscientizar de que estamos juntos porque gostamos, porque queremos e nos sentimos bem, nunca por precisar de alguém. As pessoas não se precisam, elas se completam. Não por serem metades, mas por serem inteiras, dispostas a dividir objetivos comuns, alegrias e vida.

Frase atribuída a Mario Quintana

Excesso de expectativas gera frustração. Você pode escolher uma vida com mais diversão, facilidade e fluxo. Não há nada a provar a ninguém. Portanto, siga a sua orientação e a sua energia. Libere-se da pressão e se permita fluir. Mantra: "Eu escolho viver no fluxo natural da vida, desligando-me totalmente das expectativas. Eu acredito no poder do campo de potencialidade pura. Eu atraio o que transmito. O melhor está disponível para mim".

ॐ

Evite o drama alheio

Pessoas felizes tendem a viver a vida com o foco no próprio bem-estar e no seu desenvolvimento pessoal. Há quem ache que um pouco de drama deixa a vivência mais emocionante, no entanto, a pessoa dramática pode se passar por vítima, procurando por alimento para o seu ego desequilibrado. O transtorno de personalidade histriônica (TPH) é caracterizado por um padrão de emocionalidade excessiva e uma necessidade de chamar atenção para si mesmo com o objetivo de receber aprovação dos outros. Esses indivíduos são vívidos, dramáticos, flertadores e alternam seus estados entre entusiásticos e pessimistas.

A vida é curta demais para você gastar o seu precioso tempo tentando mudar uma pessoa que quer viver na escuridão. Dê a ela seu melhor conselho, mas não fique perto tempo suficiente para se contaminar com essa atitude negativa. Pelo contrário, cerque-se sempre de pessoas otimistas.

Zig Ziglar

A atitude mais amorosa que você pode ter por si mesmo é manter a outra pessoa responsável pelo estado emocional dela. A sua vida já tem desafios suficientes. Há um limiar tênue entre ser prestativo e viver a vida do outro. Preste atenção para não se envolver no drama alheio, esse não é o seu *karma*. Cada um deve se responsabilizar pela sua existência.

Para encontrar a felicidade que você procura, viva de acordo com o que é certo para você, encorajando os outros a fazerem a mesma coisa. Aceite a etapa de evolução de cada ser humano, honre as suas escolhas, seguro de que naquele momento o conhecimento de cada um é regente do seu próprio caminho. Procure não se apegar a reclamações, dramas e conflitos alheios. Retire-se discretamente e siga em frente. Mantra: "Cada pessoa é responsável pelas próprias escolhas de vida. Eu não sou responsável pelo estado emocional e sentimental dos outros. Manterei o meu foco no meu desenvolvimento pessoal e equilíbrio emocional, colocando o meu amor-próprio sempre em primeiro lugar".

ॐ

Obtenha o benefício máximo com o mínimo esforço

O ato de se esforçar para que algo aconteça faz você dispender energia desnecessariamente. Ao perceber que está forçando algo – como um relacionamento amoroso instável, uma amizade frustrada, ou qualquer outra situação –, reconheça o esforço emocional que está sendo realizado, respire fundo e volte sua atenção para dentro de si. Sinta as suas emoções e deixe a energia densa fluir. Lembre-se de que você corresponde a uma pequena parte do todo, que atua e coopera com seu destino e tudo o que você deseja. A inteligência da natureza opera de forma eficiente e harmoniosa, sabendo exatamente qual das possibilidades é melhor para o seu momento e, consequentemente, para a sua evolução máxima. Basta estar aberto para receber as informações que estão sendo mostradas naturalmente para você através das coincidências, insights, intuição e pequenos milagres do seu cotidiano.

A inteligência da natureza opera pela lei do mínimo esforço. Quando utilizamos as forças da harmonia, da alegria, do amor, atraímos sucesso e boa sorte facilmente. Se você observar a natureza verá que ela dispende o mínimo de esforço em seu funcionamento. A grama não se esforça para crescer, apenas cresce. As flores não se esforçam para abrir, apenas desabrocham. A Terra não se esforça para girar sobre o seu eixo. A inteligência da natureza funciona sem nenhum esforço ou atrito, espontaneamente. Ela não é linear. É intuitiva, é holística; é alimentadora. E se você está em harmonia com a natureza, assentado no conhecimento de seu verdadeiro Eu, pode fazer uso da lei do mínimo esforço. O mínimo esforço é despendido quando suas ações são motivadas pelo amor, porque a natureza se mantém unida pela energia do amor.

Deepak Chopra

Só se esforça quem não sente a força do próprio poder. Por isso tenha confiança em si mesmo, atue sem tensão, com leveza e alegria. Desapegue-se do resultado final. Desfrute a jornada magnífica da sua existência. Mantra: "Eu me conectarei com a inteligência da natureza e com o meu verdadeiro Eu. Minhas ações serão leves, harmoniosas e motivadas pelo amor. Eu atingirei o máximo benefício com o mínimo esforço".

ॐ

Fortaleça as amizades

Em 1937, na Universidade Harvard, foi iniciado o maior estudo já realizado sobre saúde humana. É um projeto que continua até hoje, com milhares de voluntários de todas as idades e perfis, que respondem à pergunta "O que faz uma pessoa feliz?". A conclusão é a de que manter amizades é o principal indicador de felicidade.

Para conseguir a amizade de uma pessoa digna é preciso que desenvolvamos em nós mesmos as qualidades que naquela admiramos.

Frase atribuída a Sócrates

Além de serem fundamentais para o bem-estar mental, as amizades também fazem bem ao coração e ao corpo. Os relacionamentos novos trazem ainda mais benefícios, pois a ocitocina[17] dá o impulso inicial às relações. Ao que parece, amigos antigos não estimulam tanto a sua liberação, a não ser quando você os reencontra depois de um bom tempo. Assim, tão importante quanto ter amigos do peito é fazer novas amizades. Aliás, não fazemos amigos, naturalmente reconhecemos almas semelhantes que, quando nos complementam, demonstram amor em forma de amizade.
Mantra: "Colocarei o meu foco no meu equilíbrio emocional e desenvolvimento pessoal, assim desenvolverei qualidades superiores e atrairei amizades elevadas que me tornarão ainda mais feliz".

A amizade é uma predisposição recíproca
que torna dois seres igualmente ciosos
da felicidade um do outro.
Platão

ॐ

Respire

Inspire luz, expire amor, espalhe paz! Respirar não é algo que fazemos porque queremos, é algo que testemunhamos.

---

17 Hormônio que estimula as interações entre as pessoas, reduz os batimentos cardíacos e a pressão sanguínea.

A respiração acontece por si mesma. Ela é produzida por uma inteligência inerente ao corpo. Portanto, basta observá-la. Sinta o movimento de entrada e saída do ar ocorrendo em seu corpo. Basta uma respiração consciente para produzir espaço onde antes havia uma sucessão ininterrupta de pensamentos. Tome consciência da sua respiração sempre que puder. **Uma respiração consciente – feita algumas vezes ao dia – é excelente para criar espaços de paz em sua vida.**

O Senhor Deus formou, pois, o homem do barro da terra e inspirou-lhe nas narinas um sopro de vida; e o homem se tornou um ser vivente.

Gênesis 2:7

Mantra: "Utilizarei o método de respiração consciente diariamente para equilibrar as minhas emoções, conectando-me plenamente com o momento presente e com a melhor versão de mim mesmo".

ॐ

Ame-se

Amar é a melhor receita para ser feliz. Portanto, ame. Envie amor para si mesmo, aceite-se exatamente como você é e celebre sua perfeição única. Ame-se até se sentir preenchido. Pessoas que se amam sabem seu valor e não aceitam passar por sacrifícios e dores para serem amadas; respeitam-se e não toleram abusos repetitivos. Elas se apreciam, exigem consideração das pessoas que as amam e evitam aquelas que as rebaixam. Protegem-se da inveja e das más intenções alheias que tentam apagar o seu brilho. Representam o coração da humanidade e, quando assumem o seu papel na orientação do raciocínio iluminado e do amor, tornam-se um farol que orienta os caminhos da grandeza e da superação. Se você quer ser realmente amado, comece amando a si mesmo.

Cada qual sabe amar a seu modo; o modo, pouco importa; o essencial é que saiba amar.

Machado de Assis

Uma de suas lições de vida é explorar todos os aspectos do amor. Esse sentimento é intrínseco ao ser humano, ou seja, faz parte de todos nós; e é ele que rege o mundo. Praticando o amor incondicional, você finalmente entenderá o poder do um. Quanto mais amamos, mais nos conectamos com a melhor versão de nós mesmos. E tudo deve começar com o amor-próprio, um legítimo autorrespeito. Que tipo de sentimento você tem quando abdica da sua vontade para satisfazer os outros? Você já parou para pensar no que você realmente quer? Não há nada de errado no cuidado para consigo.

Basta um único homem atingir a plenitude do amor para neutralizar o ódio de milhões.

Mahatma Ghandi

Quando você ama a sua mãe, o seu marido, a sua amiga, você prioriza os desejos e as necessidades deles porque quer vê-los felizes. Contudo, o ideal seria cultivar o amor-próprio por você mesmo antes de se doar aos outros. Porque amando a si mesmo você se tornará equilibrado, nutrido de amor na sua forma mais elevada, e assim estará apto para amar os outros. Nesse estado de equilíbrio, relacionamentos saudáveis são construídos.

Ame o seu próximo como a si mesmo.

Mateus 22:39

Ame-se acima de tudo e de todos. Coloque o seu amor-próprio em primeiro lugar. Amar a si mesmo – de forma equilibrada e harmoniosa – não é ser narcisista ou egoísta, muito pelo contrário, você estará ancorando uma energia tão poderosa que possibilitará a você amar o mundo incondicionalmente. Entoe amorosamente o mantra: "Colocarei o meu amor-próprio sempre em primeiro lugar. Assim respeitarei a minha vontade e me tornarei ainda mais apto a amar o próximo incondicionalmente".

ॐ

Ananda – Felicidade suprema

Imagine uma existência sem altos e baixos emocionais. Uma vida na qual você tem confiança, sente-se completo e bem quisto o tempo todo. O desenvolvimento pessoal lhe trará clareza, equilíbrio e, consequentemente, sentimentos positivos. Assim, você viverá uma vida leve, plena, prazerosa e finalmente se tornará livre. Essa realidade está ao seu alcance, desde que você estipule a meta de evoluir. A evolução interna permitirá que você lide de forma equilibrada com qualquer tipo de hostilidade, assim como com as oscilações emocionais. Você se tornará completamente sereno, seguro e confiante em si mesmo, nas suas escolhas e na sua conexão com o Universo. Dessa forma influenciará positivamente o mundo ao seu redor. **Ascensão é automestria. E cabe a cada um se tornar consciente do seu processo.**

Por isso, é importante dedicar muita atenção ao desenvolvimento do autoconhecimento, investindo em um aprendizado contínuo. Todavia, devemos escolher com cautela as nossas fontes de informação e, principalmente, quem nos dará conselhos. Esse assunto foi bastante debatido no curso de *Science of Psychology Coaching* [Ciência de treinamento psicológico, em tradução livre] que realizei na Universidade Harvard. O coaching é uma atividade de treinamento pessoal e o papel do coach é ressaltar as qualidades do cliente, estimulando-o a desenvolver suas competências pessoais e profissionais. Para se tornar um coach é requerido um nível elevado de conhecimento de técnicas e metodologias que não estão diretamente relacionadas a aconselhamentos ao cliente. O profissional deve respeitar a jornada alheia, dando espaço para que cada pessoa adquira autonomia e competência para efetuar uma mudança positiva de comportamento.

> *Se você quisesse escalar o Everest, contrataria um guia que nunca tivesse chegado ao cume? Não seria mais inteligente procurar alguém que já tivesse alcançado o topo várias vezes e que soubesse exatamente como fazer isso? Se você se instruir com quem não vai bem, sejam consultores, orientadores ou planejadores, a única coisa que irá aprender é como fracassar.*
>
> *T. Harv Eker, em* O segredo da mente milionária.

Quando você dá prioridade à busca pela maestria pessoal, embarca em uma missão a serviço da sua evolução e, naturalmente, desenvolve a visão de libertação. Você encontra uma maneira real de controlar as suas emoções, tirando o poder das mãos de quem não deve controlá-lo. É necessário um nível elevado de discernimento, tanto para quem dá quanto para quem recebe conselhos, ao passo que eles geralmente vêm envolvidos na carga emocional alheia. Tenha parcimônia ao se aconselhar. Torne-se um ser livre. Quanto mais você acreditar na própria força, mais coincidências acontecerão para estimular o seu crescimento. Vale a pena buscar conhecimento, uma vez que empregado corretamente se tornará sabedoria. Por meio dela você entrará em contato com o céu, e nele o milagre sempre é possível.

A sabedoria é uma qualidade. É a qualidade de quem sempre pratica o que prega e prega o que pratica. Para se tornar um sábio não há segredos ocultos e mistérios incompreensíveis. Basta viver com seu olho interior aberto, agindo de acordo com seus valores e sentimentos mais puros, apreciando o silêncio.

Brahma Kumaris

Segundo Sócrates, a sabedoria é o poder da alma sobre o corpo, é o domínio de si mesmo. Permitindo o domínio do corpo, a temperança permite que a alma realize as atividades que lhe são próprias, chegando à ciência do bem. Para fazer o bem basta, portanto, conhecê-lo. A sabedoria está relacionada com a humildade intelectual e não com a quantidade de saber. O ignorante é arrogante porque pensa que sabe. Sócrates se achava mais sábio porque reconhecia que nada sabia. **O importante para a sabedoria é o que**

você faz, não é o que você sabe. Contra fatos não há argumentos.

Conhecer os outros é inteligência, conhecer-se a si próprio é verdadeira sabedoria. Controlar os outros é força, controlar-se a si próprio é verdadeiro poder.

Lao-Tsé

Apenas você tem a capacidade de saber o que é melhor e adequado para a sua evolução. Confie que está exatamente onde deveria estar e colherá resultados extraordinários. A sua paz interior o deixará em harmonia com todos os seres ao seu redor. **Seus sentidos se desenvolverão, tornando-o um super-humano.** Você será plenamente feliz, pois saberá lidar de forma poderosa com os contratempos e os desafios que seu caminho apresentar.

Bardo Thodöl, O livro tibetano dos mortos, diz: "Recorda-te a glória da luz clara e deixa-te guiar através da nova vida que vem!". A luz está disponível dentro de você. É tão intensa que se realmente pudéssemos sentir o brilho de um coração em estado de pleno amor, jamais nos permitiríamos ser invadidos por outros sentimentos que não fossem afeto, felicidade e tranquilidade. Quando Jesus disse: "Vós sois a luz do mundo." (Mateus 5:14), ou "Vós sois deuses, e vós outros sois todos filhos do Altíssimo" (Salmos 82:6), ele estava estimulando a busca profunda, o mergulho interior. Cristo reconhecia o potencial da humanidade. Ao falar "sois deuses", sinalizou o destino que nos aguardava. Quando Buda – o Iluminado – disse que não deveríamos acreditar em nada sem experienciá-lo, também estava estimulando o autoconhecimento. O budismo se baseia claramente no método investigativo com base na experiência pessoal e subjetiva.

Eu tenho uma fé inquebrantável no amor e estou trabalhando para o seu despertar. Juntos poderemos elevar o planeta Terra. Eu quero ver você brilhar, porque você é uma estrela e sei que tem o poder de iluminar muitas outras pessoas. Mas, você somente poderá realizar essa verdade, quando perceber que Deus e você são um só. Deus é amor, portanto você é amor. O meu trabalho é fazer você reconhecer essa verdade.

Prem Baba, em Transformando o sofrimento em alegria.

O autoconhecimento se refere à capacitação do ser humano, requer amor-próprio e confiança. É de suma importância manter o equilíbrio nos altos e baixos da vida, atraindo sempre energias elevadas. O trabalho mais complexo e impactante está no seu cotidiano. Manter o controle das emoções é uma disciplina diária e é nesse estado que você brilhará o seu potencial máximo, resplandecendo por toda parte a sua luz. As suas boas intenções atrairão as manifestações mais elevadas, tornando possível tudo o que desejar. Como condutor de energia positiva, você realiza um serviço de valor incalculável para o seu bem e para o bem de toda a humanidade.

Einstein passou a vida provando que tudo no Universo é energia – vibrando em velocidades e níveis de consciência diferentes. A sua mente, o seu corpo e o seu espírito são compostos de uma mesma energia, com cada parte vibrando em uma frequência especial.

Ao dizer que “O mecanismo do descobrimento não é lógico e intelectual, é uma iluminação súbita, quase um êxtase”, Einstein se referia à sua vivência prática da iluminação na qual há um salto quântico de criatividade inserida na intuição, que se transforma em fé, isto é, na base para todas as revelações espirituais vivenciadas por todos os seres humanos.

Um ser de luz é facilmente identificável, pois sua vivacidade benevolente se alastra por onde passa. Quando a frequência de energia de um ser está realmente alta, naturalmente inspira sentimentos nobres em todas as pessoas ao seu redor. **Um verdadeiro ser de luz pratica o que prega, vivendo plenamente a mensagem positiva que transmite.** Cada pensamento, sentimento, palavra e ação realizada é um exemplo vivo do divino em versão humana na Terra. **Seja a luz que você naturalmente carrega.** Deixe-a emanar através do seu coração e para o mundo ao seu redor. Ancore a luz para que o seu planeta possa se erguer e experimentar a glória que você já é em planos mais elevados de existência. A certeza de um futuro leve vai motivá-lo a agir. Permita que a expansão da sua consciência aconteça, tornando-se mais do que você já é, atingindo toda a sua máxima potência.

Tu não podes controlar estas ondas universais de energia. Deixa que os sentimentos se fundam todos sobre ti. Faz-te parte deles. Permite-te a ti mesmo palpitar com as vibrações ao teu redor. Relaxa. Não lutes. Dá-lhes as boas-vindas.

Bardo Thodöl, O livro tibetano dos mortos.

O fato é que a maioria dos seres humanos espiritualizados almeja atingir esse estado elevado de consciência. Durante uma vida de buscas, conheci diversas histórias de pessoas que se iluminaram. Prem Baba, por exemplo, relatou: “Fui inundado por uma luz. E entrei em êxtase. Quando surge a iluminação você se sente preenchido pela graça divina. Todas as respostas chegam. É o fim da busca." Ainda assim, depois de circular pelo mundo notei que o termo "iluminação" é quase inconcebível no Ocidente.

Sem pensamentos, sentei-me pacificamente em minha sala. O manancial da mente imperturbado, sereno como a água. Um súbito romper do trovão e as portas da mente se abriram. E lá está meu eu interior, repousando em sua singela simplicidade.

Daisetsu T. Suzuki

O termo budista para iluminação é *satori*. A palavra significa literalmente "compreensão". *Satori* é uma abertura repentina do centro do espírito, revelando o seu verdadeiro Eu interior. No relato de Daisetsu T. Suzuki a experiência ocorre durante um momento de profunda contemplação. Irrompe subitamente e vai da meditação à mais profunda manifestação de iluminação espiritual. O que acontece nesse processo que nos encoraja a seguir em frente, buscando-o sempre? Não é a iluminação em si, mas a verdade. Uma atmosfera elevada de equilíbrio espiritual favorece o secreto e o espontâneo desenvolvimento do nosso Eu interior. Nesse espaço sagrado a iluminação se manifesta. A partir daí a pessoa entra em níveis elevados de consciência, o que a faz enxergar a vida por um ângulo único, sem a interferência do ego e do dualismo.

Aqueles que buscam a iluminação devem sempre se lembrar da necessidade de manter constantemente puros o corpo, a fala e a mente. A mente impura segue atos impuros e estes trarão sofrimentos.

Assim, é de suma importância que se conservem puros a mente e o corpo.

Buda

A iluminação só ocorre para as pessoas que merecem alcançar esse estado. Sua realização, mesmo que seja apenas por ínfimos instantes, é comovente. Ocorre uma mudança brusca de valores, conceitos e paradigmas em nosso interior. Surge um novo Eu, interessado em transcender os aspectos mundanos do conhecido. A alma se sente impregnada pelo infinito. É a emoção vívida do absoluto.

Quando você atinge a iluminação não se torna uma nova pessoa. Na verdade, você não ganha nada, apenas perde algo: se desprende de suas correntes, de suas amarras, deixa para trás seu sofrimento. A iluminação é um processo de perda. Quando não há nada a perder, esse estado é o nirvana. Esse estado de completo silêncio pode ser chamado de iluminação.

Osho

Na Índia visitei o Ganga Aarti – ritual de purificação pelo fogo que atrai centenas de milhares de visitantes de todo o mundo. A sua força é universal, não há discriminação religiosa, já que pode ser realizado para a entidade divina que se preferir, O Aarti transcende todas as barreiras culturais, penetra profundamente nos corações dos presentes, levando-os ao paraíso espiritual.

O Ganges tem sua nascente no topo dos Himalaias. Traz pureza, alegria e liberdade nas suas correntezas. A água é o néctar da vida e da libertação, é a fonte de inspiração para todos que mantêm seus olhos e corações abertos. É a "deusa mãe", libertando qualquer apego, expectativa ou hesitação. Suas águas purificam quem se banha e quem a bebe, removendo todo e qualquer tipo de contaminação.

No Aarti *os deepas*[18] são oferecidos para Deus, em qualquer manifestação, forma ou nome. O fogo queima o erro, transmuta a mágoa, apaga todo e qualquer tipo de ressentimento, cura a sensação de desmerecimento. O ritual remove todo o tipo de dor.

Os hindus acreditam que uma existência não se torna completa sem um mergulho no Ganga. Respiro profundamente e entro na água. Dou três mergulhos, para estimular o equilíbrio entre corpo, mente e espírito. O rio neste ponto de Rishikesh é extenso e límpido como um oceano esverdeado. A água gelada aquece o meu coração. Entro em estado de êxtase emocional, um prazer espiritual sem igual. A energia de cura é imensurável. Estou em sincronia com a correnteza. Equilibro a emoção, tornando-me uma só com a natureza. Agora respiro mais fundo, vejo mais claro, sinto-me mais viva, torno-me mais eu.

No magnificente pôr do sol abençoado pelo Ganges, adquiro a convicção da presença de Deus através do meu próprio contato com a beatitude. Um segundo se torna infinito. Saboreio uma sensação profunda de realização, de compreensão da essência das circunstâncias. O sentimento de completude é libertador.

Como descrever a comunhão espiritual com o Todo? O ideal seria definir como muitos mestres o fizeram: em silêncio. Não há noção de tempo e espaço. Há apenas um saber de que a vida penetra em tudo, que o universo é repleto de abundância divina. A alma se torna consciente de que

[18] Lâmpada com fogo em óleo.

possui em si mesma o saber absoluto. Compreende-se a infinidade. É o toque infinito do ser. Sente-se a vida eterna. Sente-se o amor perfeito por tudo que existe. É o coração do homem pulsando dentro do coração do Todo Poderoso. É a condição de plenitude da consciência. O ser no Um. O amor no Todo. Um toque de iluminação que persistirá para sempre no meu ser.

O que for a profundeza do teu ser, assim será teu desejo. O que for o teu desejo, assim será tua vontade. O que for tua vontade, assim serão teus atos. O que forem teus atos, assim será teu destino.

Brihadaranyaka Upanishad IV, 4.5

O ser iluminado reconhece a sua versão pura, divina. Nenhuma adoração é necessária. Ele vive uma jornada silenciosa em direção ao próprio ser. Sua luz é a essência da sua alma, é uma metáfora para você viver a sua melhor versão plenamente, desenvolvendo cada vez mais suas características elevadas como amor, compaixão, criatividade, aceitação, paciência, serenidade, não julgamento, empatia, bondade, compreensão e felicidade! Nós já temos esses atributos positivos, só precisamos manter atitudes e relacionamentos que enfatizem uma vida harmoniosa. A meta principal é se tornar uma luz tão brilhante e incorruptível que nenhum obstáculo possa afetá-lo. **No momento em que encontrar o seu centro você terá encontrado o âmago de toda a existência.**

Iluminação é o estado normal e natural de saúde para o corpo e a mente. Ela resulta do pleno desenvolvimento da consciência e depende do funcionamento perfeito e harmonioso de cada parte do corpo e do sistema nervoso. Quando a pessoa utiliza o pleno potencial da mente e do corpo desta forma, cada pensamento e ação é espontaneamente correto e de apoio à vida. Essa é uma vida livre de sofrimento, vida vivida em sua plena magnitude e importância. Iluminação é o conhecimento total, é o tudo.

Maharishi Mahesh Yogi

O que caracteriza um ser iluminado é o nível de desenvolvimento da sua consciência. Quanto mais consciente, mais elevado. Este estado luminoso é totalmente acessível, ao passo que depende pura e exclusivamente da intenção de cada um.

Conversei sobre esse assunto com Deepak Chopra no decorrer do processo para obtenção do meu diploma de Health & Wellness Educator/Yoga Instructor[19] do Chopra Center Faculty na Califórnia. Ele gentilmente me concedeu uma entrevista que compartilho com você. Deepak mostrou disponibilidade plena ao permanecer consciente no momento presente. A pausa de alguns segundos para formular respostas evidenciou uma característica similar à dos grandes mestres da humanidade – personalidade neutra, leve e serenidade no tom da voz. Sua presença iluminada e seu caráter incorruptível naturalmente elevam qualquer ambiente.

---

[19] Educadora de Bem-Estar e Saúde e Instrutora de Yoga.

Bibba Pacheco: Como você define espiritualidade? Qual é a sua utilidade na vida real?

Deepak Chopra: Espiritualidade é, em uma palavra, autoconsciência. O Eu é o seu espírito. Quanto mais consciente do seu espírito você for, mais espontaneidade terá. Isso o levará a desenvolver mais intuição, discernimento, criatividade, percepção, poder da intenção, níveis elevados de ser – em uma realidade cósmica consciente –, consciência divina, consciência de união. Tudo é uma expressão de quanto você conhece a si mesmo e ao seu próprio espírito.

Bibba Pacheco: Como você definiria milagres e coincidências?

Deepak Chopra: Milagres e coincidências são exemplos de sincronicidade, quando muitas coisas acontecem simultaneamente para satisfazer uma intenção. Um milagre só é chamado assim porque as pessoas não compreendem o motivo pelo qual acontece. A partir do momento que você o compreende, ele se torna ciência. E essa é a ciência da consciência.

Bibba Pacheco: Como podemos mudar o mundo para melhor?

Deepak Chopra: Primeiro você muda a si mesmo. Depois encontre pessoas que estão no mesmo patamar de consciência que você e crie uma rede social ao redor disso. Pode ser até mesmo um espaço físico para encontros. Em seguida, expanda esse assunto compartilhando a sua história – sua história de transformação, de amor, de cura. Então, convide mais pessoas a fazerem isso. Quanto mais gente dividir histórias de superação, mais a consciência coletiva será modificada. Com a internet nós podemos nos conectar com qualquer pessoa no mundo para compartilhar a nossa história.

Bibba Pacheco: Como podemos atingir a felicidade?

Deepak Chopra: A felicidade é alcançada quando você descobre que não há nada a fazer para ser feliz, porque o seu estado natural de ser humano já é ser feliz. Então, se você é feliz por alguma razão, isso não é felicidade, ao contrário, é uma miséria, já que essa razão pode ser tirada de você a qualquer momento. Porém, quando você é feliz sem nenhuma razão aparente, isso é felicidade autêntica. Ela vem da sua conexão com o seu espírito.

Bibba Pacheco: O que lhe faz feliz?

Deepak Chopra: Eu sou feliz o tempo todo.

capítulo 9

Todo fim é um recomeço

Para viajar basta existir. Por mais irônico que possa soar, sair de onde você está pode ser a melhor forma de se encontrar. Viajar é uma ótima maneira de expandirmos habilidades que nem sabíamos que tínhamos. Partir nos torna mais humildes ao mostrar que o mundo é muito maior e mais interessante do que imaginamos. Também é uma excelente maneira de se inspirar e desenvolver a criatividade. A emoção de estar em um lugar que você sempre sonhou é indescritível e nunca poderá ser revivida. Não importa a distância percorrida, mas quanto você se liberta, permitindo-se passar pelo processo de transformação que a experiência traz.

Essa vida é uma viagem.
Pena eu estar só de passagem.
Paulo Leminski

Foi na Índia, no *Sachcha Dham Ashram,* que entrevistei o guru Prem Baba, que recebe aqueles que estão em busca de respostas para os enigmas da vida. Ele é um mestre espiritual que tem o propósito de disseminar o amor no mundo. Encontrei-me com ele em um *satsang*[20], uma prática hindu

[20] Em sânscrito, "encontro com a verdade".

que reúne um ser iluminado e pessoas interessadas em receber ensinamentos e bênçãos.

Não importa o que você esteja fazendo no mundo,
faça com amor. Assim concluirá o que está alinhado
com você ou não. Cante com amor, trabalhe
com amor, confie com amor, juntando
tudo sou, amor, amor, amor.
Prem Baba

Movida pelo amor das palavras do guru, eu me vi praticamente flutuando naquele mar de amor incondicional. A energia elevada de Rishikesh, somada com a boa intenção dos presentes do *satsang* me conectou ainda mais com o meu poder pessoal, expandindo a minha espiritualidade.

Depois Prem Baba me recebe carinhosamente em uma sala privada e em yoga – unidos – conversamos.

Bibba Pacheco: Para o senhor o que é espiritualidade?

Prem Baba: Espiritualidade para mim é viver de acordo com os ditames do coração. O ser humano acabou, com o tempo, perdendo a sua principal qualidade que é a espontaneidade, a naturalidade ou até o desprendimento. Então, espiritualidade é viver de forma natural, desprendida, seguindo o fluxo ou os comandos do coração.

Bibba Pacheco: Nesta minha curta jornada de vida, aprendi que quando colocamos o nosso desenvolvimento pessoal em primeiro lugar, tornarmos o mundo melhor. O senhor concorda?

Prem Baba: Perfeito. É isso mesmo Bibba, você está certa. Eu acredito que essa é a única maneira de colaborarmos para que o mundo se torne melhor. Precisamos ter algo a oferecer. Só uma pessoa feliz pode fazer o outro feliz e só uma pessoa que ama pode inspirar o outro a amor. Eu tenho sugerido que o trabalho de autodesenvolvimento, de autotransformação, comece consigo mesmo. Na medida em que você começa a acordar do sonho lúdico, da dualidade que nos faz sofrer e da qual nos sentimos vítimas, você desperta também para a alegria. E, então, pode inspirar o outro a também sentir isso de diferentes maneiras. Independentemente do lugar em que você esteja e de quais sejam seus dons e talentos, você se torna um instrumento do amor e da felicidade. Por meio dos seus talentos, esses sentimentos passam por você para chegar ao outro. Você, Bibba, por exemplo, tem um talento para dar aulas de yoga, para ensinar a meditação, para escrever, cantar e selecionar músicas para as pessoas dançarem, então esses são os seus canais. O grande mistério do amor maior é usá-los para se expressar para chegar ao outro e fazê-lo feliz.

Bibba Pacheco: Eu gostaria que, por gentileza, o senhor escolhesse intuitivamente uma mensagem.

Prem Baba: Eu sinto, Bibba, que todos os filhos dessa terra querem a mesma coisa. Todos querem alegria e paz, na mente e no coração. Essa alegria e essa paz acontecem quando estamos amando. Eu acredito que o amor puro e desinteressado é o solvente universal para todos os males, o remédio que cura todas as doenças. Tenho ouvido constantemente a todos aqueles que de alguma maneira começaram a questionar a vida e a bater à porta da verdade. São pessoas que ainda que indiretamente se questionaram: "Quem sou eu?", "Quem habita esse corpo?". Essas pessoas tomaram consciência da sua dificuldade de amar. Esse é o primeiro passo. Então, eu devolvo outras perguntas a essas pessoas: quando e com quem você não consegue manifestar a amorosidade, a espontaneidade? Porque essa pessoa ou essa situação é um mestre que tem algo a lhe ensinar. Quem não consegue amar tem contas abertas no passado. Ela guarda mágoas e ressentimentos que precisam ser purificados. Em síntese, eu diria: persiga a alegria. Para isso, inevitavelmente, em algum momento da sua vida, você precisará escolher conscientemente se tornar um canal do amor. Eu sinto que assim eu estou apontando uma direção.

Prem Baba desenvolveu um método de autoconhecimento chamado de Caminho do Coração. Começa com autoinvestigação e identificação dos condicionamentos que causam as repetições negativas, depois vem a descontinuação das imagens mentais que geram destruição pessoal, o que possibilita a purificação e o despertar da consciência.

Se puder observar o que é transitório sem se identificar, você encontrou a saída do labirinto da mente. Utilize cada acontecimento da sua vida como material de escola que lhe ensina a desenvolver a habilidade de testemunhar e a equanimidade mental, que é permanecer no observador, sem se incomodar com o que está acontecendo fora – tanto na alegria como na tristeza você permanece o mesmo.

Prem Baba

Agradeço profundamente as palavras elevadas desse ser iluminado. Suas ações benéficas estão construindo pontes entre a ciência, a religião, a psicologia e a espiritualidade, com o propósito maior de criar união.

Um coração puro não julga. Ele não acusa e não compara, assim como não deseja. Um coração puro aceita e perdoa, agradece e ama. Ama de forma desinteressada. Um coração puro é aquele que só observa. Ele se expressa através de uma mente equânime, pois assiste as misérias e as alegrias sem se identificar. Através dele, o fluxo de vida e de amor não é interrompido. Ele está além dos dramas e dos jogos da natureza inferior, e sempre vibra em gratidão. Ele está sempre celebrando a vida (o Sol, a Lua, as estrelas, o vento, as flores, o sorriso...) e tudo que se expressa através do ser humano, porque compreende que tudo é sagrado, tudo faz parte do jogo divino. Esse coração é um símbolo que representa o seu Eu mais profundo.

Prem Baba

Não há progresso sem gratidão. Apenas os corações puros têm a capacidade de viver em estado de agradecimento, expressão genuína e sincera de louvor pleno. A gratidão é verdadeiro e único tesouro dos humildes. Só é possível senti-la quando se está com as emoções em perfeito equilíbrio. Nesse estado de graça você é uma presença forte e imbatível.

A gratidão é uma das ferramentas mais poderosas que um ser humano pode utilizar. É um estimulante para o fluxo do Universo no qual tudo ocorre em sincronia com o seu destino. Ele não discrimina o positivo do negativo, apenas flui de acordo com o foco que você mantém na sua vida, por isso é de suma importância manter o pensamento elevado constantemente, assim a energia atuará de forma afirmativa, indicando claramente as suas melhores preferências. Quando vivemos nossa vida com apreciação pelo que temos, ocupamos nossa mente com otimismo. Quanto mais gratos formos por dádivas, coincidências e sincronicidades com que o Universo superior nos presenteia, mais abundância atrairemos. A gratidão anuncia ao Universo – em alto e bom tom – que o ser humano é regido por uma alta frequência de energia, aproximando-o do amor incondicional que nos rege, e que tudo sofre, tudo crê, tudo espera, tudo suporta.

O amor é paciente, o amor é bondoso. Não inveja, não se vangloria, não se orgulha. Não maltrata, não procura seus interesses, não se ira facilmente, não guarda rancor. O amor não se alegra com a injustiça, mas se alegra com a verdade. Tudo sofre, tudo crê, tudo espera, tudo suporta.

1 Coríntios 13:4-7

Nós sonhamos, sentimos, pensamos e experienciamos a nossa realidade de maneira totalmente única. Nenhum outro ser pode ver a vida como nós. Temos o pleno poder criativo de moldar e evoluir a energia para manifestar uma realidade que abençoa e eleva a todos. Esse incrível poder está em repouso em nosso mundo, até que reconheçamos, revelemos e usemos esse potencial. **O Universo tem um sincronismo perfeito. Há uma ordem e um plano maior para tudo o que foi, é e será.** Você já parou para pensar qual é o principal motivo da sua existência? Há uma grandiosa chance de você não estar aqui por acaso. Pode até ser que alguns milhões – ou até bilhões – de seres não tenham absolutamente nenhuma ideia da sua função nesta vida. Mesmo assim, por um milionésimo de lucidez inconsciente compreendem que cada um está aqui por um propósito maior. Eu, você, todos que conhecemos e desconhecemos fizemos uma escolha inspirada de estar aqui e agora.

Perceber a própria existência é um fenômeno que pode ser compreendido dentro de um largo espectro de variações, desde a inconsciência, passando pela plena consciência intelectual ou emocional, e evoluindo progressivamente para uma perfeita compreensão espiritual – que é a percepção de si mesmo integrado à totalidade. Esta última forma de perceber que existimos nos oferece a oportunidade de experimentar um sentimento de plena satisfação e felicidade, que os indianos batizaram com o nome de ananda.

Os sutras do yoga de Patañjali, *por Siri Swani Satchidananda*

A sua presença é valiosa e tem um objetivo. Você está fazendo um trabalho importante. A sua existência traz mudanças para o mundo, influenciando toda a vida ao seu redor. Entretanto, você pode ter uma passagem leve. Não precisa prestar atenção nos outros para fazer a diferença, muito pelo contrário. O segredo que cada um precisa desvendar é o autoconhecimento, que nada mais é do que focar em si mesmo e a integridade do próprio ser. Quando você compreende que a vida deve ter um significado mais importante do que o já conhecido, inicia uma busca incessante por conhecimento, leituras, rituais, experiências e também busca orientação daqueles que parecem ser mais evoluídos. Quando você se preenche com a consciência do amor incondicional, primeiro por si e depois pelos outros, desenvolve uma aceitação amorosa de quem você é em todas as suas versões. Ao se aceitar, você se equilibra, irradiando naturalmente uma energia positiva e benéfica para os outros seres vivos também. A luz é sua, plena e totalmente sua. Uma vida de felicidade, abundância e equilíbrio existe e está ao seu alcance. Atingir o nirvana é o mesmo que encontrar a sua própria versão iluminada. E quando um nível elevado de consciência é finalmente obtido, você:

> *Está em paz. Não pode ser abalado do seu centro. Possui autoconhecimento. Sente compaixão sem julgamento. Vê a si mesmo como parte do todo. Não está no mundo. O mundo está em você. Ações espontaneamente o beneficiam. Seus desejos se manifestam facilmente, sem desgaste nem esforço. Pode executar ações intensas com desprendimento. Não está visando nenhum resultado pessoal. Sabe como se render. A realidade de Deus é visível em toda parte. A melhor época é o presente."*
>
> *Deepak Chopra, em* O efeito sombra.

Todos somos um

Fazemos parte do mesmo todo. Uma planta ou uma montanha contêm a mesma essência divina contida em um ser humano, no seu animal de estimação ou em um ser angelical. O uno é indivisível. Você não pode ferir uma flor, uma abelha ou o seu vizinho sem que as reverberações das suas atitudes atinjam a todos, inclusive a você mesmo. Em um nível energético, estamos em todas as coisas e estas residem em nós. Cada pedra, gaivota, cristal, golfinho ou pessoa é um hóspede honrado desse planeta, estando aqui por uma razão específica. Portanto, ao machucar algo à sua volta, você prejudica a si mesmo. Ao alimentar más observações contra uma pessoa ou situação, você mantém uma fonte de energia sombria dentro de si. **Unicidade significa que somos todos espelhos uns dos outros.** Semelhante atrai semelhante, e você atrai o que transmite. Se você não está atraindo o que gostaria para a sua vida, vale a pena analisar o tipo de energia que está emanando. Há sempre mais para quem está pronto para receber. Você faz parte de um todo imensurável. E mesmo assim é um ser livre, uma manifestação de luz.

A realidade é que você é a luz divina, e o seu corpo é um canal para ela se manifestar. Ao invés de querer tudo para si, queira dar para o outro. Não queira brilhar sozinho, queira que o outro brilhe. Porque, quanto mais você se compromete em fazer o outro brilhar, mais você brilha.

Prem Baba, em Transformando o sofrimento em alegria.

A escuridão é a falta de luz. O mal é a falta do amor. O caminho do amor é trilhado quando você se torna uma testemunha silenciosa da abundância divina. Na quietude você começa a amar a tudo e a todos. E naturalmente oferece seus dons e seus talentos em nome desse amor genuíno.

Nesse estado elevado você está a serviço dos outros. Isso traz satisfação. Você finalmente descobriu um dos propósitos da vida: servir. **O serviço desinteressado**[21] é o amor em ação. É quando você deixa de lado os seus interesses para se colocar a serviço do bem geral. O contentamento vem dessa profunda realização. Não há satisfação maior do que a que sentimos quando proporcionamos alegria aos outros. A felicidade é o único bem que se multiplica quando compartilhado. **Em um mundo melhor, a lei natural é a do amor.** A natureza do ser humano elevado é o amor. Ele nos leva à quietude. Nesse estado tranquilo, o silêncio tem o poder de orientar, unir e, ao mesmo tempo, tornar os seres humanos livres. Viver uma existência equilibrada significa investir no amor em cada situação, expressando-o em cada pensamento, sentimento, emoção e atitude que tomar na vida. É assim que a sua alma enfatiza a sua perfeição. Exercer a sua versão plena é conhecer o seu lado amoroso cada vez mais. É trilhar um caminho elevado na direção de si próprio. Para isso:

- Seja você mesmo.
- A experiência é sua. Então experimente, indague e busque.
- Exercite-se diariamente. Nunca deixe energia estagnada no seu corpo.
- Pratique o ato de escutar, pois só assim nos conectamos de fato com as pessoas. Você não aprenderá nada enquanto estiver falando.
- Afaste-se de influências negativas.
- Estabeleça ritmos saudáveis na sua vida.

---

[21] Seva em sânscrito.

- Você é o que você come e, principalmente, o que consegue ingerir. Mantenha uma alimentação leve, orgânica, natural.
- Tenha emoções, mas não seja emotivo. Assim ninguém poderá aborrecê-lo ou influenciá-lo.
- Exercite a compreensão. Compreenda a perspectiva do outro.
- Faça mais o que o deixa feliz.
- Desprenda-se de desejos materiais e emocionais. Você não precisa de nada nem de ninguém para ser pleno. A felicidade está no silêncio do seu estado mental equilibrado.
- Perdoe a si mesmo e aos outros.
- Desenvolva a autonomia, para tomar o controle da sua vida.
- Mantenha-se centrado.
- Responsabilize-se por seus atos e suas emoções. A culpa, geralmente, não é do outro.
- Respeite o próximo e aceite-o como ele é.
- Seja gentil consigo mesmo e com os outros.
- Desapego é liberdade[22].
- Escolha seus pensamentos, suas palavras e suas ações com responsabilidade.
- Nutra a sua mente com pensamentos amorosos.
- Conviva profundamente apenas com pessoas que o aceitem e elevem o seu astral.
- Viva no caminho do meio. Seja moderado. Exercite a parcimônia. Escolha o equilíbrio.

---

22 Moksha em sânscrito.

- Tente substituir sua crítica interior por encorajamento. Esse hábito benéfico criará uma diferença profunda na sua experiência de vida.
- Não há erros, apenas experiências. O que você acha que acertou, já aprendeu. O que você acha que errou, ainda precisa aprender. O karma se repetirá até que o ciclo do aprendizado seja finalizado.
- Lembre-se de que os desafios são oportunidades de crescimento.
- Pratique compreensão, compaixão e aceitação.
- O ingrediente fundamental para viver uma vida plena é o amor incondicional.
- Evite contar experiências negativas do passado. Cada vez que você verbaliza aquele acontecimento, volta a viver o mesmo sentimento que o desagradou.
- Encontre períodos de silêncio e quietude para reflexão interior.
- Se amou e esse amor não foi correspondido, apenas agradeça o outro pela oportunidade de ter convivido pelo tempo necessário e entregue esse relacionamento à Fonte.
- Quando for agradecer, explique o motivo.
- Honre a natureza. Passe o máximo de tempo que puder conectado com ela.
- Aja de forma consciente, vivendo no momento presente.
- Todos os seres humanos são frágeis e podem sofrer em situações desafiadoras. Portanto, não julgue ninguém.
- Medite sempre que puder, quantas vezes quiser.
- Fale a verdade. Comunique-se de maneira honesta e amorosa. Tenha paciência e consideração ao expressar o seu ponto de vista.

- Ajude-se antes de ajudar os outros. Resolva as suas questões pendentes.
- Veja o poder divino em você e em todas as coisas.
- Auxilie os necessitados. Mãos que ajudam são sagradas.
- Não se culpe. Você fez o seu melhor no nível de consciência o qual se encontrava.
- Abrace. Demonstre afeto. Quem dá amor recebe mais amor.
- Confie na sua voz interior. Ouça o seu coração. Se a energia parecer duvidosa, não prossiga. Se parecer amorosa, aceite-a. Mantenha-se atento às reações que o seu interior traz diante de cada situação e cada ser.
- Antes de agir, pergunte-se se o que você vai fazer trará felicidade.
- Aceite o que você não pode mudar.
- Perdoe o que precisa ser perdoado; ignore o que não vale a pena.
- Controle seu ego, mantenha-o equilibrado para não ser domado por ele.
- Concentre-se de todo o seu coração na criação do novo. O poder da sua intenção atrairá exatamente o que pede, ou algo melhor.
- Agradeça constantemente.
- Pense menos; sinta mais.
- Procure ser, não ter.
- Relaxe e aproveite a jornada. Agora é tempo de ser plenamente feliz.

Há tempo para todo o propósito debaixo do céu. Há tempo de nascer e tempo de morrer. Tempo de plantar e tempo de colher. Tempo de chorar e tempo de rir.

Tempo de se aquietar e tempo de dançar. Tempo de guardar e tempo de desapegar. Tempo de calar e tempo de falar. Tempo de amar e tempo de abominar. Tempo de guerra e tempo de paz.

Eclesiastes 3:1-8

Quando você vive de forma consciente a sua jornada o leva para dentro de si mesmo. Então, um dia você para, respira fundo, silencia a sua mente. Ouve, sente, conecta-se com o seu poder interior e compreende que está pronto. E afirma: "Estou pronto. Onde está o meu guru[23]?" Você olha no espelho e percebe um novo olhar. Ele sempre esteve presente, contudo nunca havia sido visto. Satisfeito, você sorri para a nova versão de si mesmo e descobre que o seu mestre sempre esteve ali. Ele participou e sentiu profundamente todos os altos e baixos da sua magnífica história. Ele aguardou pacientemente pelo dia em que você se tornasse suficientemente desenvolvido para se olhar no espelho, bem no fundo dos próprios olhos e retribuísse o seu sorriso. Você sabe que está pronto. O seu coração confirma que você mesmo é o guru que tanto procurou. Você é o mestre. Mestre de si mesmo.

---

23 A sílaba "gu" significa "sombra" e "ru", "aquele que dispersa". Portanto, guru é aquele com o poder de dispersar a escuridão.

Este livro foi impresso pela gráfica Paym
em papel norbrite 66,6 g.